Oxford Spanish Cartoon-strip

With illustrations by Claire Bretécher
Edited by Mónica Tamariz

OXFORD
UNIVERSITY PRESS

OXFORD
UNIVERSITY PRESS

Great Clarendon Street, Oxford OX2 6DP

Oxford University Press is a department of the University of Oxford.
It furthers the University's objective of excellence in research, scholarship,
and education by publishing worldwide in

Oxford New York

Athens Auckland Bangkok Bogotá Buenos Aires Calcutta
Cape Town Chennai Dar es Salaam Delhi Florence Hong Kong Istanbul
Karachi Kuala Lumpur Madrid Melbourne Mexico City Mumbai
Nairobi Paris São Paulo Singapore Taipei Tokyo Toronto Warsaw

with associated companies in Berlin Ibadan

Oxford is a registered trade mark of Oxford University Press
in the UK and in certain other countries

Published in the United States
by Oxford University Press Inc., New York

British Library Cataloguing in Publication Data
Data available

Library of Congress Cataloging in Publication Data
Data available

ISBN 0-19-860288-X

1 3 5 7 9 10 8 6 4 2

Typeset by Fine Print in Kosmik
Printed in Italy by Giunti

Contents

Proprietary terms

Credits and acknowledgements

Editor **Mónica Tamariz**

Cartoons by **Claire Bretécher**

I would like to thank **Jane Horwood** and **Carol Styles Carvajal** for the Guide to Pronunciation and **Tim Gutteridge** who was my consultant for English language.

M.T.

Introduction

Anyone learning a foreign language wants to be able to speak it as it is really spoken. This book will help you achieve this. Most coursebooks tend to reflect "standard" language—the language you hear on the radio or television or in formal contexts. This book covers the language of everyday, informal social situations.

A text written only in "spoken language" looks odd. Situations which are perfectly clear in conversation are not so easy to understand when reduced to dialogues on a page. Tapes and videos require special equipment. Cartoon strips overcome these difficulties and are an ideal vehicle for the efficient learning of spoken language. The characters feel real and their roles are very clear. The situations are immediately accessible and do not need to be described at length.

Spoken language is different from standard language for several reasons. It uses words and expressions which rarely appear in written form except in dictionaries (**bicho** instead of **niño**, **hacer dedo** instead of **hacer auto-stop**).

This book is based on Claire Bretécher's Agripina series. The texts have been adapted to be suitable for learners and each one introduces a theme developed in the material which accompanies each story. A more detailed description of all the sections of the book is given in **How to use the book**.

The stories help learners to memorize themes and new words, and vocabulary learning becomes an enjoyable and rewarding experience.

How to use the book

The Spanish Cartoon-strip Vocabulary Builder is designed to make vocabulary learning both efficient and enjoyable. It is built around thirty cartoon strips and themes, each presented on a double-page spread, with a clear emphasis on spoken language.

Each story is supplemented by three sections:

1. Understanding the text

This lists all the key words used in the cartoon strip on the facing page and gives grammatical information as well as contextual translations.

2. Key Structures

This section lists and explains phrases which are hard to understand even if all the individual constituents are known. It also supplies information on those phrases commonly used in spoken language that will be useful for a learner.

3. Vocabulary

This section groups together the essential words and phrases from the vocabulary-building topic introduced in the story. Grammatical information (gender for nouns, feminine forms for adjectives and nouns) is also supplied. European Spanish words and expressions that are not used in Latin America are marked with an asterisk, and their Latin American equivalents are given in the vocabulary list, followed by a regional label, such as [LAm]. Additional notes in text bubbles explain culture-specific references appearing in the text.

Spanish verbs are usually followed by a number. This number refers to the conjugation pattern shown in the conjugation table at the end of the book.

For easy access, the topics are listed in the table of **contents**.

The **glossary** at the end of the book lists all the words that appear in the stories and their translations with the relevant page number(s). Informal words used only in spoken language are clearly marked with the symbol ⊚.

Advice on pronunciation rules and sounds in Spanish is given in the **Guide to pronunciation**.

List of abbreviations

adj	adjective
adv	adverb
conj	conjunction
excl	exclamation
LAm	Latin American Spanish
Mex	Mexican Spanish
nf	feminine noun
nfpl	plural feminine noun
nm	masculine noun
nm, f	noun with masculine and feminine endings
nmf	noun with identical masculine and feminine forms
nmpl	plural masculine noun
nprf	feminine proper noun
nprm	masculine proper noun
num	number
pp	past participle
prep	preposition
pron	pronoun
v	verb
⊚	WARNING: this symbol indicates that a word is used only in spoken language
→	see

Guide to pronunciation

Vowels

- **a**   is between the pronunciation of **a** in English **cat** and **arm**
- **e**   is like **e** in English **bed**
- **i**   is like **ee** in English **see** but a little shorter
- **o**   is like **o** in English **hot** but a little longer
- **u**   is like **oo** in English **too**

Consonants

- **b**   (1) in initial position or after **m** or **n** is like English **b**
  (2) in other positions is between English **b** and English **v**
- **c**   (1) before e or i: in European Spanish is like **th** in English **thin**; in Latin American Spanish is like **s** in English **stop**
  (2) in other positions is like **c** in English **cat**
- **ch**   is like **ch** in English **chip**
- **d**   (1) in initial position, after **m** or **n**, and after **l** is lke English **d**
  (2) in other positions is like **th** in English **this**
- **f**   is like **f** in English **fat**
- **g**   (1) before e or i is like **ch** in Scottish **loch**
  (2) in initial position is like **g** in English **get**
  (3) in other positions is like (2) but a little softer
- **h**   is silent in Spanish, but see also **ch**
- **j**   is like **ch** in Scottish **loch**
- **k**   is like English **k**
- **l**   is like English **l**, but see also **ll**
- **ll**   is like **lli** in English million, except in the River Plate area, where it is like **s** in English **measure**
- **m**   is like English **m**
- **n**   is like English **n**
- **ñ**   is like English **ni** in English **opinion**
- **p**   is like English **p**
- **q**   is like English **k**
- **r**   is rolled; is more strongly rolled when double r, or in initial position
- **s**   is like **s** in English **sit**
- **t**   is like English **t**
- **v**   (1) in initial position or after **m** or **n** is like English **b**
  (2) in other positions is between English **b** and English **v**
- **w**   is like **g** in English **get** followed by English **w**
- **x**   is like English **x**
- **y**   is like English **y**
- **z**   in European Spanish is like **th** in English **thin**; in Latin American Spanish is like **s** in English **stop**

YO

Understanding the text

ahí (adv)	there
cómo (adv)	how
el cuarto de baño (nm)	bathroom
dentro de (prep)	inside
dónde (adv)	where
enviar (v)	to send
eres	→ ser
es	→ ser
escuchar (v)	to listen to
estar (v 11)	to be
este/esta (adj)	this
existir (v)	to exist
hablar (v)	to talk
hacer (v 22)	to have
hacerse una pregunta	to ask oneself a question
hiciera	→ hacer
menos (adv)	less
otro yo	other me
¿por qué?	why?
quién (adv)	who
sentirse (v 33)	to feel
la señal (nf)	signal
ser (v 28)	to be
si (conj)	if
solo/sola (adj)	lonely
soy	→ ser
también (adv)	also
único/única (adj)	only
la única que...	the only one who...

➡ Describing People

good-looking	guapo/guapa
ugly	feo/fea
thin	delgado/delgada
fat	gordo/gorda
tall	alto/alta
short	bajo/baja
clever	inteligente
nice	simpático/simpática
I like the way I am	me gusta cómo soy
what do you think about me?	¿qué piensas de mí?
I'm a nice person	soy simpática
I like Eva	me cae bien Eva
she's a very happy girl	es una chica muy alegre
but I don't like her brother	pero su hermano no me cae bien
he's rather nasty	es bastante antipático
she's taller than him	ella es más alta que él
he has blue/brown eyes	tiene los ojos azules/marrones, tiene ojos azules/cafés (LAm)
the slim girl in jeans and a blue top	la chica delgada que lleva pantalones vaqueros y una camiseta azul
he's got a moustache	tiene bigote
he has a beard	tiene barba
she wears glasses	lleva gafas [anteojos (LAm)]
fair-haired	rubio/rubia
brown-haired	de pelo castaño
dark-haired	moreno/morena
white	blanco/blanca
black	negro/negra

➡ Key Structures

¿cómo es que estás dentro de mí en este cuarto de baño?	how come you're inside me in this bathroom?
¿por qué seré yo la única?	why am I the only one?
si existes, envíame una señal	if you exist, send me a sign
si existiera, me sentiría menos sola	if she existed, I'd feel less lonely

Understanding the text

adiós (exclam)	goodbye!
agradecer (v 13)	to be grateful
al habla	speaking
los arreglos (nmpl)	alterations
bloquear (v)	to block
el botón (nm)	button
¿bueno? (Mex)	→ dígame
buenos días	good morning
la casualidad (nf)	coincidence
chafar* (v)	to mess up
el coche (nm)	car
el coche de ocasión (nm)	used car
el coche usado (LAm) (nm)	→ el coche de ocasión
dejar (v)	to stop
dígame*	hello
echar a perder (LAm) (v)	→ chafar
entonces (adv)	then
equivocarse (v 2)	to make a mistake
era	→ ser
esperar (v)	to expect
estar (v 11)	to be
esto...	mmm...
estoy	→ estar
el estudio (nm)	salon
la ferretería (nf)	ironmonger's
importante (adj)	important
la línea (nf)	line
las líneas aéreas (nfpl)	airlines
la liposucción (nf)	liposuction
la llamada (nf)	call
lo siento	I'm sorry
el/la modelo (nmf)	model
mucho (adv)	much
el mundo (nm)	world
nuevo/nueva (adj)	new
el número (nm)	number
la ocasión* (nf)	bargain
para (prep)	for
pasar (v)	to pass on
pedir (v 34)	to ask for
por casualidad	by any chance
quién (adv)	who
la semilla (nf)	seed
sentirlo (v 33)	to be sorry
ser (v 28)	to be
el taller (nm)	garage
también (adv)	too
tampoco (adv)	neither
el teléfono (nm)	telephone
la tintorería (nf)	dry cleaner's
todo el mundo	everybody

Greetings

hello, Nuria, how are you?	hola, Nuria, ¿qué tal [cómo (LAm)] estás?
very well, thank you, and you?	muy bien, gracias, ¿y tú?
hello	hola
good morning	buenos días
good afternoon	buenas tardes
good evening	buenas tardes [noches (LAm)]
good night	buenas noches
welcome!	bienvenido/bienvenida
to welcome somebody	dar la bienvenida a alguien
welcome to Madrid	bienvenido a Madrid
how are you?	¿qué tal [cómo (LAm)] estás?
what have you been up to?	¿qué has hecho?
long time, no see!	¡cuánto tiempo sin verte!
how nice to see you!	¡qué alegría verte!
see you later!	¡hasta luego!
see you around!	¡hasta la vista!, ¡hasta la próxima!
see you soon!	¡hasta pronto!
see you!	¡chao!, ¡nos vemos!
see you tomorrow!	¡hasta mañana!
goodbye, bye	adiós
say hello to your parents	recuerdos a tus padres, saludos a tus papás (LAm)
Carmen says hello	Carmen te manda recuerdos [saludos (LAm)]
let me introduce you to my brother	te presento a mi hermano
pleased to meet you!	¡encantado!
it's been a pleasure	ha sido un placer
this is Alicia	esta es Alicia
hello!	¿qué tal?

Key Structures

el teléfono no deja de sonar	the telephone doesn't stop ringing
tampoco era para mí	it wasn't for me either
te agradecería que me pasaras las llamadas	I'd be grateful if you would pass my calls on to me
si no es mucho pedir	if it's not too much to ask
se había equivocado de número	she had dialled the wrong number

LIMPIEZA

la fiesta de Melfrida Patatón fue horrorosa

primero se colaron unos tipos que acabaron con toda la bebida y la comida

luego se armó una pelea... tiraron una lámpara que prendió fuego a unos periódicos

conseguimos apagarlo con cubos de agua... ¡qué sudores! y las alfombras destiñeron

alguien echó gases lacrimógenos y tuvimos que llamar a la ambulancia

y mi Tony no había llegado

al final llegó la policía y detuvo a Borja por no llevar el DNI

tuvimos que llamar a sus padres, que pensaban que estaba estudiando en casa de Marita

y Tony todavía sin venir

Soledad no paraba de llorar porque su novio no le hacía caso

entonces llegó Tony y también el padre de Melfrida, que volvía antes de lo previsto, y todo el mundo se marchó, menos Tony y yo...

...y el padre nos hizo LIMPIAR TODO

BREZECUR

Understanding the text

acabar con (v)	to finish off
el agua (nf)	water
la alfombra (nf)	rug
alguien (pron)	someone
la ambulancia (nf)	ambulance
antes de lo previsto	earlier than planned
apagar (v 3)	to put out
la bebida (nf)	drink
la casa (nf)	house
colarse (v 5)	to gatecrash
la comida (nf)	food
conseguir (v 41)	to manage to
el cubo (nm)	bucket
desteñir* (v)	to discolour
desteñirse (LAm) (v)	→ desteñir
destiñeron	→ desteñir
detener (v 29)	to arrest
detuvo	→ detener
el DNI (nm)	ID card
echar (v)	to let off
en casa de Marita	at Marita's place
entonces (adv)	then
estudiar (v)	to study
la fiesta (nf)	party
el final (nm)	end
fue	→ ser
el fuego (nm)	fire
los gases lacrimógenos (nmpl)	tear gas
hacer (v 22)	to make
hacer caso (v 22)	to pay attention
horroroso/horrorosa (adj)	horrible
la lámpara (nf)	lamp
limpiar (v)	to clean
la limpieza (nf)	cleaning
llamar (v)	to call
llegar (v 3)	to arrive
luego (adv)	then
llevar encima (v)	to carry
menos (adv)	except for
el novio (nm)	boyfriend
el padre (nm)	father
los padres (nmpl)	parents
parar (v)	to stop
la pelea (nf)	fight
pensar (v 6)	to think
el periódico (nm)	newspaper
la policía (nf)	police
porque (conj)	because
prender fuego (v)	to set fire
previsto (pp)	planned
primero (adv)	first
se armó una pelea	a fight broke out
ser (v 28)	to be
el sudor (nm)	sweat
también (adv)	also
tener (v 29)	to have
el tipo ⊚ (nm)	guy
tirar (v)	to knock over
todavía (adv)	still
todo (pron)	everything
todo el mundo	everybody
toda la comida	all the food
tuvimos	→ tener
venir (v 42)	to come
volver (v 17)	to come back

🔄 Going Out

to go to a party	ir a una fiesta
pub/bar	el bar
disco	la discoteca
to have a party	hacer una fiesta
who will you invite?	¿a quién vas a invitar?
sound system	el equipo de música [de sonido (LAm)]
to go out on the town	salir de marcha [de juerga (LAm)]
to go dancing	ir a bailar
what type of music do you like?	¿qué tipo de música te gusta?
band	el grupo
to go out for lunch	ir a comer a un restaurante
he took me out for dinner	me invitó a cenar a un restaurante
to go to see some friends	ir a casa de amigos
to entertain at home	invitar a amigos a casa
I've arranged to meet Juan at 7	he quedado [quedé (LAm)] con Juan a las 7
we're going to a restaurant	vamos a ir a un restaurante
and then to the cinema	y después al cine
I go to the disco with my friends on Saturdays	los sábados voy con mis amigos a la discoteca
two beers, please	dos cervezas
a tomato juice, please	un zumo [jugo (LAm)] de tomate
a bag of crisps	una bolsa de patatas [papas (LAm)]
something to eat	algo de comer
to get drunk	emborracharse
hangover	la resaca [cruda ⊚ (LAm)]

🔄 Key Structures

acabaron con toda la bebida y la comida	they finished off all the food and drink
al final llegó la policía	in the end the police came
y Tony todavía sin venir	and Tony hadn't arrived yet
Soledad no paraba de llorar	Soledad wouldn't stop crying
nos hizo limpiar todo	he made us clean everything

LA VIDA

¿qué te pasa?

¿es por LA VIDA?

a ver... eres joven y guapa, conocerás a un montón de gente, te divertirás

trabajarás, viajarás, tendrás amantes

bueno

la vida es terrible... la gente se aburre y tiene miedo... uno trabaja para nada

uno vive solo y muere solo, el mundo está vacío, el amor no tiene sentido, los hijos son una carga

el futuro es negro y la juventud no vuelve nunca

gracias, ahora me siento mucho mejor

Understanding the text

ahora (adv)	now
aburrirse (v)	to be bored
el/la amante (nmf)	lover
el amor (nm)	love
a ver...	let's see...
bueno (adv)	well
la carga (nf)	burden
conocer (v 13)	to know
divertirse (v 33)	to have fun
estar (v 11)	to be
el futuro (nm)	future
la gente (nf)	people
gracias (exclam)	thank you
guapa (adj)	pretty
los hijos (nmpl)	children
joven (adj)	young
la juventud (nf)	youth
mejor (adj)	better
el miedo (nm)	fear
morir (v 43)	to die
mucho (adv)	much
muere	→ morir
el mundo (nm)	world
nada (pron)	nothing
negro/negra (adj)	black
nunca (adv)	never
para nada	for nothing
por (prep)	because of
¿qué te pasa?	what's the matter?
el sentido (nm)	meaning
sentir (v 33)	to feel
ser (v 28)	to be
siento	→ sentir
solo/sola (adj)	alone
son	→ ser
tendrás	→ tener
tener (v 29)	to have
tener miedo (v 29)	to be afraid
terrible (adj)	terrible
tiene	→ tener
trabajar (v)	to work
un montón de	lots of
uno (pron)	one
vacío/vacía (adj)	empty
viajar (v)	to travel
la vida (nf)	life
vivir (v)	to live
volver (v 17)	to come back
vuelve	→ volver

⇥ Education

school	el colegio, la escuela (LAm)
class	la clase
university	la universidad
pupil	el alumno/la alumna
student	el/la estudiante
year	el curso
degree	la carrera
to study	estudiar
exam	el examen
marks	las notas
teacher	el profesor/la profesora
lecturer	el profesor/la profesora
playtime	el recreo
break	el descanso
PhD	el doctorado

we go to school every day	vamos al colegio todos los días
state/private school	colegio público/privado, escuela pública/particular (LAm)
boarding school	internado
I have lunch at school	me quedo a comer en el colegio
I must revise for tomorrow's exam	tengo que estudiar para el examen de mañana
the teacher explains the lessons	el profesor explica las lecciones
I've passed/failed my maths exam	he aprobado/suspendido el examen de matemáticas
he got an 'A'	sacó un sobresaliente
she's in her second year of biology	está haciendo segundo de biológicas
he wants to do a degree in history	quiere hacer la carrera de historia

> Spanish school system: from 6 to 11 years, children go to primary school (primaria); from 12 to 16 they do compulsory secondary education (ESO) and after that they do two years of bachillerato, before going to university. In order to enter the university, students must pass an exam consisting of several subjects called selectividad.

⇥ Key Structures

¿qué te pasa?	what is the matter with you?
no tiene sentido	it's meaningless
uno trabaja para nada	people work for nothing
uno vive y muere solo	people live and die alone

POESÍA

Understanding the text

aguantarse (v)	to put up with it
basta (exclam)	enough!
la **boca** (nf)	mouth
callar (v)	to shut up
la **clase** (nf)	class
escaparse (v)	to come out
escribir (v)	to write
estar (v 11)	to be
la **fresa** (nf)	strawberry
horrible (adj)	horrible
horror (exclam)	how terrible!
hueles	→ **oler**
leer (v 19)	to read
la **literatura** (nf)	literature
mal (adj)	bad
la **mañana** (nf)	morning
mañana (adv)	tomorrow
oler (v 18)	to smell
olvidar (v)	to forget
para (prep)	for
la **poesía** (nf)	poem
por completo	completely
la **princesa** (nf)	princess
qué (adv)	what

recitar (v)	to recite
saber (v 27)	to know
el **suspiro** (nm)	sigh
tampoco (adv)	me neither
tendrá	→ **tener**
tener (v 29)	to have
triste (adj)	sad
la **voz** (nf)	voice

 Family

family	**la familia**
mother	**la madre**
father	**el padre**
sister	**la hermana**
brother	**el hermano**
son	**el hijo**
daughter	**la hija**
stepdaughter	**la hijastra**
stepson	**el hijastro**
stepsister	**la hermanastra**
stepbrother	**el hermanastro**
grandmother	**la abuela**
grandfather	**el abuelo**
granddaughter	**la nieta**
grandson	**el nieto**
aunt	**la tía**
uncle	**el tío**
niece	**la sobrina**
nephew	**el sobrino**
cousin	**el primo/la prima**
family-in-law	**la familia política**
sister-in-law	**la cuñada**
brother-in-law	**el cuñado**
mother-in-law	**la suegra**
father-in-law	**el suegro**
a family gathering	**una reunión familiar**
all my relatives were here	**vinieron todos mis parientes**
he's my older brother	**es mi hermano mayor**
I have two brothers and one sister	**tengo dos hermanos y una hermana**
she's the youngest/eldest	**es la pequeña[la más chica (LAm)]/mayor**

 Key Structures

The imperative mood is used to give orders:

¡cállate!	shut up!
¡recita!	recite!

LA CRISIS

Understanding the text

adivinar (v)	to guess
ahora (adv)	now
alguien (pron)	somebody
el **año** (nm)	year
bajar (v)	to go down
besar (v)	to kiss
bueno (adv)	well
cerca de (prep)	near
el **cerebro** (nm)	brain
cómo (adv)	how
comprar (v)	to buy
con (prep)	with
contar (v 5)	to tell
costar (v 5)	to cost
la **crisis** (nf)	crisis
cuánto (adv)	how much
cuántos (adv)	how many
decir (v 37)	to say
di	→ decir
digo	→ decir
el **día** (nm)	day
el **otro día**	the other day
eso (exclam)	yes!
el **estudio** (nm)	studio flat
increíble (adj)	incredible
ir (v 38)	to go
el **lavavajillas** (nm)	dishwasher
lo menos	at least
la **madre** (nf)	mother

la **marca** (nf)	brand name
el **millón** (nm)	million
la **mitad** (nf)	half
el **mosquito** (nm)	mosquito
necesitar (v)	to need
el **nombre** (nm)	name
nunca (adv)	never
las **obras** (nfpl)	repairs
pagar (v 3)	to pay
pasado (adj)	last
pero (conj)	but
poder (v 23)	to be able to
podría	→ poder
por (prep)	for
porque (conj)	because
el **precio** (nm)	price
¡qué bárbaro! (LAm)	→ ¡qué fuerte!
¡qué fuerte!* ⓖ	wow!
quién (adv)	who
romper con (v)	to break up with
roto	→ romper
saber (v 27)	to know
siguen bajando	they're still going down
el **tío** (nm)	uncle
la **universidad** (nf)	university
unos 30	30, approximately
vas	→ ir
ver (v 30)	to see
vivir (v)	to live
y eso que	and

⊡ Key Structures

¿a que no sabes con quién vive?	I bet you don't know who she lives with
¿cómo que se ha "ido a vivir"?	
¿cómo que se " fue a vivir"? (LAm)	what do you mean "she has moved in"?
¡increíble, cómo han bajado los precios!	it's incredible how much prices have gone down
¿cuánto cuesta tu casa?	how much does your house cost?
¿cuántas habitaciones tiene?	how many rooms does it have?
el año pasado	last year

Note that in Latin American Spanish the simple past (eg compraron) is used more often than the perfect tense (eg ha comprado).

⊡ Home

to live in a rented flat	**vivir en un piso alquilado [en un departamento rentado (LAm)]**
to buy a house	**comprar una casa**
to stay in a hotel	**quedarse en un hotel**
bed and breakfast	**hostal, casa de huéspedes (LAm)**
living room	**el salón, la sala (LAm)**
kitchen	**la cocina**
bathroom	**el cuarto de baño**
bedroom	**el dormitorio, la recámara (esp Mex)**
furniture	**los muebles**
table	**la mesa**
chair	**la silla**
bed	**la cama**
lamp	**la lámpara**
window	**la ventana**
door	**la puerta**
the house has two bedrooms and a large living room	**la casa tiene dos dormitorios y un gran salón [dos recámaras y una sala grande (esp Mex)]**
my bedroom opens onto a balcony	**tengo una terraza en el dormitorio [en la recámara (esp Mex)]**
there is a table and some chairs in the garden	**en el jardín hay una mesa y sillas**
we have breakfast in the kitchen	**desayunamos en la cocina**
it's a large bright flat	**es un piso [departamento(LAm)] grande y con mucha luz**
a residential area	**un barrio [un área (LAm)] residencial**
the town centre	**el centro de la ciudad**
they invited us round for dinner	**nos invitaron a cenar en su casa**
I live with my parents, my brother, a cat and a dog	**vivo con mis padres, mi hermano, un gato y un perro**
they live in a farm	**viven en una granja**
a semi-detached house	**un chalé adosado, una casa dúplex (LAm)**
a castle	**un castillo**
a palace	**un palacio**

APATÍA

Understanding the text

el **aburrido** (LAm) (nm)	→ muermo
el **aburrimiento** (nm)	boredom
ahora (adv)	now
ahora se pone*	she's coming
ahorita viene (LAm)	→ ahora se pone
algún/alguna (pron)	any
la **apatía** (nf)	apathy
bueno (adj)	good
el **cine** (nm)	cinema
colarse en (v 5)	to gatecrash
comprar (v)	to buy
contigo (pron)	with you
dar una vuelta (v 10)	to go for a walk
demasiado/demasiada (adj)	too many
la **fiesta** (nf)	party
funcionar (v)	to work
la **gente** (nf)	people
hacer calor (v 22)	to be hot
hacer (v 22)	to do
hay (v)	there is/there are
ir (v 38)	to go
la **lana** ⊚ (LAm) (nf)	→ pelas
lejísimos (adj)	very far
el **muermo*** ⊚ (nm)	bore
la **música** (nf)	music
nada (adv)	nothing
ninguno/ninguna (pron)	none
oír (v 39)	to listen to
las **pelas** ⊚ * (nfpl)	dosh
la **película** (nf)	film
la **plaza** (nf)	square
poder (v 23)	to be able to
podríamos	→ poder
puedo	→ poder
la **ropa** (nf)	clothes
ser (v 28)	to be
ser un muermo ⊚ (v 28)	to be boring
si (adv)	if
sois*	→ ser
son (LAm)	→ sois
superocupado/superocupada ⊚ (adj)	very busy
tampoco (adv)	neither
tener (v 29)	to have
tener ganas (v 29)	to feel like
tengo	→ tener
la **tienda de discos** (nf)	record shop
tienes	→ tener
vamos	→ ir
el **vídeo*** [video LAm] (nm)	video
voy	→ ir
la **vuelta** (nf)	walk

⬅ Pastimes

to read	leer
book	el libro
to listen to music	escuchar música
CD/record/tape	el compact/el disco/la cinta
classical music	la música clásica
video console	la consola de videojuegos
to play sports	hacer deporte
to play football/tennis/basketball	jugar al fútbol [futbol (LAm)]/al tenis/al baloncesto [basquetbol (LAm)]
to watch TV	ver la televisión
to go to the cinema/theatre	ir al cine/al teatro
film	la película
play	la obra de teatro
to go out with friends	salir con amigos
to surf the Net	navegar por Internet
what do you like to do?	¿qué te gusta hacer?
I like to go hillwalking	me gusta hacer senderismo [caminar en el campo (LAm)]
I love windsurfing/I love video games	me encanta hacer windsurf/me encantan los videojuegos
I like adventure films	me gustan las películas de aventuras
I feel like staying in	me apetece [tengo ganas de (LAm)] quedarme en casa
I hate card games	odio jugar a las cartas
watching TV is boring	ver la televisión es un aburrimiento [es aburrido (LAm)]
I prefer outdoor activities	prefiero las actividades al aire libre
I'm reading a very interesting book	estoy leyendo un libro muy interesante
we had a lot of fun at the museum	nos divertimos mucho en el museo
good idea!	¡buena idea!
it's too difficult	es demasiado difícil
it's fun	es divertido
it's dangerous	es peligroso

⬅ Key Structures

¿y si vamos al cine?	how about going to the cinema?
podríamos ir a la plaza	we could go to the square
no tengo ganas de nada	I don't feel like doing anything
yo paso de fiestas ⊚	I'm not into parties

LA SOLEDAD

Understanding the text

el **abuelo** (nm)	grandfather
bueno/buena (adj)	good
la **casa** (nf)	house
claro (exclam)	of course!
comunicarse (v)	to communicate
la **cuñada** (nf)	sister-in-law
la **dirección** (nf)	address
estar (v 11)	to be
estar comunicando*	to be engaged
estar ocupado (LAm)	→ estar comunicando
este/esta (adj)	this
estos tiempos	these days
fácil (adj)	easy
el **fax** (nm)	fax
hablar (v)	to talk
hacer (v 22)	to do
hago	→ hacer
hizo	→ hacer
la **hora** (nf)	hour
la **idea** (nf)	idea
intentar (v)	to try
ir (v 38)	to go
llevo tres horas intentando...	I've been trying to... for three hours
mandar (v)	to send
mandar por correo (v)	to post
meter (v)	to put
el **número** (nm)	number
pero (conj)	but
poner (v 24)	to put
ponerme en contacto con...	to contact...
saber (v 27)	to know
ser (v 28)	to be
sobre (prep)	about
la **soledad** (nf)	loneliness
también (adv)	also
el **teléfono** (nm)	telephone
tener (v 29)	to have
trabajar (v)	to work
tres (num)	three
usar (v)	to use

⮊ Communication

telephone	el teléfono
fax	el fax
letter	la carta
post office	la oficina de correos
e-mail	el correo electrónico
telegram	el telegrama
phone/fax number	el número de teléfono/de fax
e-mail address	la dirección de correo electrónico
address	la dirección

I'm writing a letter to my cousin	estoy escribiendo una carta a mi primo
to post a letter	echar una carta
I need an envelope and a stamp for Europe	necesito un sobre y un sello [timbre (Mex)] para Europa
I've got a letter from Laura in Nepal	he recibido una carta de Laura, que está en Nepal
can you give me your address and phone number?	¿me das tu dirección y número de teléfono?
to fax somebody	mandar un fax a alguien
I faxed him the information	le mandé la información por fax
to phone somebody	llamar [hablar (LAm)] a alguien por teléfono
to make a reverse charge call/collect call	llamar a cobro revertido, hablar por cobrar (LAm)
I want to make a reverse charge call/collect call to Britain	quiero llamar a cobro revertido [hablar por cobrar (LAm)] a Gran Bretaña
we speak on the phone every week	hablamos por teléfono todas las semanas
where can I find a phone box?	¿dónde hay una cabina de teléfono?
to send an e-mail/a telegram	enviar un mensaje de correo electrónico/ un telegrama
I got an e-mail from Ana	recibí un mensaje de correo electrónico de Ana
where do you live?	¿dónde vives?
to visit somebody	visitar a alguien
they came round for a drink and a chat	vinieron a casa a tomar algo y a charlar [platicar (Mex)]

⮊ Key Structures

llevo tres horas intentando ponerme en contacto [intentando comunicarme (LAm)] con Borja	I've been trying to contact Borja for three hours
llevo una semana aquí	I've been here for a week
su teléfono está comunicando [ocupado (LAm)]	his phone is engaged

LENGUAJE

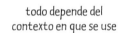

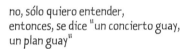

Understanding the text

el **año** (nm)	year
aproximadamente (adv)	approximately
azul (adj)	blue
bueno (adv)	OK
cada (adj)	each
cada uno (pron)	everyone
chachi* Ⓖ (adj)	super
el **concierto** (nm)	concert
el **contexto** (nm)	context
cuál (pron)	which
de aúpa* Ⓖ (adj)	spiffing
de pelos (esp Mex)	→ **guay**
decir (v 37)	to say
depender de (v)	to depend on
dicho	→ **decir**
diciendo	→ **decir**
enfadarse (v)	to get upset
entender (v 15)	to understand
entonces (adv)	then
la **fiesta** (nf)	party
guay* Ⓖ (adj)	neat
hace mil años	a thousand years ago
incluso (adv)	even
la **interacción** (nf)	interaction
el **lenguaje** (nm)	language
lo máximo Ⓖ (esp Mex)	→ **de aúpa**
la **mamá** (nf)	mum
el **menú** (nm)	menu
mil (num)	one thousand
nadie (pron)	nobody
padre Ⓖ (esp Mex) (adj)	→ **chachi**
la **patada** (nf)	kick
el **plan** (nm)	plan
poder (v 23)	to be able to
por favor	please
qué (adv)	what
querer (v 26)	to want
¿qué tal... ?	how about...?
quiera	→ **querer**
saber (v 37)	to know

sé	→ **saber**
seguir (v 41)	to continue
sigue	→ **seguir**
la **solución** (nf)	solution
todo (pron)	all
el **trasero** (nm)	bottom
trescientos mil (num)	three hundred thousand
usar (v)	to use
vale (adv)	OK!
ver (v 30)	to see
ya (adv)	already
ya sé	I know

⬆ Key Structures

no veo más que una solución	I can see only one solution
se dice chachi [padre (esp Mex)]	people say super
ya no se dice chachi [padre (esp Mex)]	people don't say super any more
hace trescientos mil años que nadie dice chachi [padre (esp Mex)]	people stopped saying super three hundred thousand years ago
hace cinco años que se fue	she left five years ago
sigue diciendo chachi [padre (esp Mex)]	carry on saying super

⬆ Approval and Disapproval

good	**bueno**
bad	**malo**
happy	**satisfecho**
proud	**orgulloso**
praise	el **elogio**
indignant	**indignado**
I think that's a very good idea	**me parece una idea muy buena**
we're very pleased with the result	**estamos muy contentos con el resultado**
he praised her talent	**elogió su talento**
she did an excellent job	**hizo un trabajo excelente**
it's not bad at all	**no está nada mal**
I'm very proud of you!	**¡estoy muy orgulloso de ti!**
what a clever boy!	**¡qué chico [muchacho (LAm)] tan listo!**
how beautiful!	**¡qué bonito!**
well done!	**¡muy bien!**
great!	**¡estupendo!, ¡genial!**
bravo!	**¡bravo!**
hurrah!	**¡viva!**
I think what you've done is wrong	**me parece muy mal lo que has hecho**
what a nerve!	**¡qué cara más dura!, ¡qué descaro! (LAm)**
what a terrible film!	**¡qué película más mala!**
don't do that again!	**¡no lo vuelvas a hacer!**
how awful!	**¡qué horror!**
oh, dear!	**¡vaya, hombre!, ¡vaya por Dios!**

QUEJAS

ah, eres tú, querida... qué milagro, alguien se acuerda de que existo

la última vez que vi a tu madre fue el 28 de octubre en el entierro de tu tía

a tu padre no lo veo desde el 9 de noviembre, cuando me invitó a comer por mi cumpleaños...

...cuando yo lo que quería era que me llevase al cine... en fin... y tú, ¿qué tal?

yo

la última vez que vi a tu hermano Brandon fue... no, tu hermano es Birón, siempre me confundo con el hijo de Jaime

a Brandon lo vi el 1 de noviembre, y a Birón, el 4 de noviembre a las 3 de la tarde...

fuimos al parque y volvimos a las 4 y media... desde entonces, nada

igual que Bolita, que vino el día 7 a las 5 y a las 6 y media, pffff, se marchó

Susú insiste en verme, pero la última vez fue el 25 de octubre y no hizo más que darme la lata con sus rollos...

¿qué estaba diciendo? ah, sí, y tú, desde el 8 de noviembre a las 6 de la tarde, nada de nada, aparte de una miserable llamada de teléfono

además, ¡nunca vienes a verme!

BRETECHER

Understanding the text

acordarse de (v 5)	to remember
además (adv)	besides
a las 4 y media	at half past four
alguien (pron)	someone
aparte de (prep)	apart from
el **cine** (nm)	cinema
comer (v)	to eat
confundirse (v)	to get confused
cuando (conj)	when
el **cumpleaños** (nm)	birthday
decir (v 37)	to say
desde (prep)	since
el **día** (nm)	day
el día 7	the seventh
en fin	well, anyway
el **entierro** (nm)	funeral
entonces (adv)	then
existir (v)	to exist
hacer (v 22)	to do
el **hermano** (nm)	brother
el **hijo** (nm)	son
igual (adv)	same
insistir (v)	to insist
invitar a comer (v)	to take out for lunch
dar la lata, dar lata (LAm)	to annoy
la **llamada de teléfono** (nf)	phone call
llevar (v)	to take
llevar al cine	to take to the cinema
la **madre** (nf)	mother
marcharse (v)	to go away
la **media** (nf)	half
el **milagro** (nm)	miracle
miserable (adj)	miserable
nada de nada	nothing at all
noviembre (nm)	November
octubre (nm)	October
el **padre** (nm)	father
el **parque** (nm)	park
pero (conj)	but
¿qué tal?	how are you?
la **queja** (nf)	complaint
querer (v 26)	to want
querido/querida (adj)	dear
el **rollo** (nm)	boring story
siempre (adv)	always
la **tarde** (nf)	afternoon
la **tía** (nf)	aunt
último/última (adj)	last
venir (v 42)	to come
ver (v 30)	to see
la **vez** (nf)	time
volver (v 17)	to come back

⇒ Dates

on Monday	el lunes
on Tuesdays	los martes
last Wednesday	el miércoles pasado
last Thursday evening	el jueves pasado por la tarde
next Friday	el viernes que viene
on Saturday mornings	los sábados por la mañana
every Sunday	todos los domingos
in January	en enero
next February	en febrero próximo
last March	en marzo pasado
in early April	a principios de abril
in late May	a finales de mayo
in mid June	a mediados de junio
and since the 1st of July, nothing, not a letter	y desde el uno [primero (LAm)] de julio, nada, ni una carta
she came to see me on the 22nd August	vino a verme el 22 de agosto
the last time was the 13th September	la última vez fue el 13 de septiembre
I'll be here until October	estaré aquí hasta octubre
his birthday is in November	su cumpleaños es en noviembre
the year ends in December	el año termina en diciembre
in 2001	en 2001

⇒ Days of the week and months

Monday	**el lunes** (m)
Tuesday	**el martes** (m)
Wednesday	**el miércoles** (m)
Thursday	**el jueves** (m)
Friday	**el viernes** (m)
Saturday	**el sábado** (m)
Sunday	**el domingo** (m)
January	**enero** (m)
February	**febrero** (m)
March	**marzo** (m)
April	**abril** (m)
May	**mayo** (m)
June	**junio** (m)
July	**julio** (m)
August	**agosto** (m)
September	**septiembre** (m)
October	**octubre** (m)
November	**noviembre** (m)
December	**diciembre** (m)

⇒ Key Structures

¿qué tal?	how are you?
no hace más que darme la lata/dar lata (LAm)	she does nothing but annoy me
no hace más que hablar	he does nothing but talk

OBEDIENCIA

Understanding the text

adiós (exclam)	bye!
ahora (adv)	now
América	America
el amigo (nm)	friend
bien (adv)	well
bueno/buena (adj)	good
chao Ⓖ (exclam)	see you!
la decisión (nf)	decision
el día (nm)	day
disfrutar de (v)	to enjoy
EE.UU.	USA
escuchar (v)	to listen
los estudios de cine (nmpl)	cinema studios
la expedición (nf)	expedition
guapísima (nf)	gorgeous
hablar (v)	to talk
el hijo (nm)	son
ideal (adj)	perfect
invitar (v)	to invite
el jazz (nm)	jazz
julio (nm)	July
largo/larga (adj)	long
lo bueno	the good things
luego (adv)	later
luego te llamo	I'll call you later
llamar (v)	to call
más (adv)	plus
la moda (nf)	fashion
el museo (nm)	museum
la naturaleza (nf)	nature
la obediencia (nf)	obedience
obligatoriamente (adv)	compulsorily

el ocho (num)	eight
ofrecer (v 13)	to offer
el padre (nm)	father
parecerse a (v 13)	to look like
poder (v 23)	to be able to
por supuesto	of course
puedo	→ poder
el rancho (nm)	ranch
la semana (nf)	week
la sesión (nf)	session
tener (v 29)	to have
tengo	→ tener
la tienda (nf)	shop
tomar una decision	to make a decision
el tres (num)	three
vale (exclam)	OK!
el verano (nm)	summer
la visita (nf)	visit

Mixing English words with Spanish is supposed to be trendy.

⤢ Key Structures

un verano ideal disfrutando de **América** [Estados Unidos (LAm)]	a perfect summer enjoying America
tener que + infinitive = to have to + verb	
tengo que escuchar a mi padre	I have to listen to my father
tengo que ir	I have to go
ahora no puedo hablar	I can't talk now
¿qué te parece?	what do you think?

⤢ Travelling

train	el tren
car	el coche
plane	el avión
ferry	el ferry
road	la carretera
motorway	la autopista
map	el mapa
by train/boat	en tren/barco
we flew to Madrid	fuimos en avión hasta Madrid
they took the train to Prague	fueron en tren a Praga
we're driving	vamos en coche
we're going on a journey across Africa	nos vamos de viaje por toda África
it takes 7 hours to fly to New York	el vuelo a Nueva York tarda 7 horas
I met him during my trip to India	lo conocí en el viaje a la India
suitcase	la maleta
rucksack	la mochila
ticket	el billete, el boleto (LAm)
travel agent	la agencia de viajes
passport	el pasaporte
visa	el visado, la visa (LAm)
customs	la aduana
anything to declare?	¿tiene algo que declarar?
to pack/unpack	hacer/deshacer la maleta, empacar/desempacar (LAm)
excess baggage	el exceso de equipaje
two return/round trip tickets to Rome	dos billetes [boletos (LAm)] de ida y vuelta a Roma
you need a tourist visa	necesitas un visado [una visa (LAm)] de turista
business trip	el viaje de negocios
pleasure trip	el viaje de placer

PROPINA

Understanding the text

adivinar (v)	to guess
cambiar (v)	to change
comprar (v)	to buy
codo/coda ⊚ (LAm) (adj)	→ **rata**
dar (v 10)	to give
dar las gracias (v 10)	to say "thank you"
de verdad	honestly
demasiados/demasiadas (adj)	too many
el **detalle** (nm)	detail
la **edad** (nf)	age
encantarle a uno (v)	to love
ése/ésa (pron)	that one
esto (pron)	this
genial (adj)	great
la **gente** (nf)	people
gracias (exclam)	thank you!
guay ⊚ (adj)	neat
hacer caso (v 22)	to pay attention
hagas	→ **hacer**
el **hijo** (nm)	son
hoy en día	these days
increíble (adj)	incredible
ir (v 38)	to go
el **juguete** (nm)	toy
más (adv)	so
merecer la pena (v 13)	to be worth
el **mocoso** (nm)	brat
nada (pron)	nothing
olvidarse de (v)	to forget
el **papá** (nm)	dad
las **pelas*** ⊚ (nfpl)	dosh
pensar (v 6)	to think
pero (conj)	but
la **peseta** (nf)	peseta
pienso	→ **pensar**
poder (v 23)	to be able to
podría	→ **poder**
el **precio** (nm)	price label
la **propina** (nf)	tip
puede	→ **poder**
quitar (v)	to remove
rata* ⊚ (adj)	stingy
regalar (v)	to give
el **regalo** (nm)	present
ser (v 28)	to be
también (adv)	also
tener (v 29)	to have
la **tía** (nf)	aunt
tiene	→ **tener**
todo (pron)	all
toma	here you are
va	→ **ir**
los **varos** ⊚ (LAm) (nmpl)	→ **pelas**
ya basta	that's enough

⬌ Money

Juan earns 250,000 pesetas a month	Juan gana 250.000 pesetas al mes
how much do they pay you per hour?	¿cuánto te pagan a la hora?
a well-paid job	un trabajo bien pagado
I've been given a pay rise	me han subido el sueldo
they have money problems	tienen problemas de dinero
her uncle is a millionaire	su tío es millonario
for sale	se vende
for rent	se alquila
he wants to buy a house	quiere comprarse una casa
they pay 120,000 pesetas rent a month	pagan 120.000 pesetas mensuales de alquiler
prices are sky-high	los precios están por las nubes
rents have gone up a lot recently	los alquileres han subido mucho últimamente
they bought a very cheap car	compraron un coche muy barato
he sold me his motorbike	me vendió su moto
this TV is very expensive	este televisor es muy caro
to go shopping	ir de compras
to spend too much	gastar demasiado
he bought a washing machine by instalments	compró una lavadora a plazos
we are going to the sales	vamos a las rebajas
strawberries are on offer	las fresas están de oferta
dairy products are reduced	los productos lácteos están rebajados
there is a 20% discount on these products	estos productos tienen un descuento del 20%
to borrow	pedir prestado
to lend	prestar
can I borrow 5,000 pesetas?	¿me prestas 5.000 pesetas?
I lent him money	le presté dinero
she owes me money	me debe dinero
bank	el banco
savings bank	la caja de ahorros
current account	la cuenta corriente
to make a deposit	ingresar [depositar (LAm)] dinero
to make a withdrawal	sacar dinero
to cash a cheque	cobrar un cheque
do you take credit cards?	¿aceptan tarjetas de crédito?
I need to go the the cash machine	tengo que ir al cajero automático
PIN	el código

⬌ Key Structures

le va a encantar	he's going to love it
me encanta	I love it
no merece la pena	it's not worth it
es un detalle	that was nice of her
¡la gente es más rata [coda (LAm)]!	people are so stingy!

EL AMOR

no sé qué le ves a ese idiota de Moderno

es genial

no tienes ni idea... será que me gustan los idiotas

es horroroso

hay que tener *visión de futuro*... de acuerdo, ahora está rellenito, pero a los 18 estará buenísimo

está gordo

perdona, pero viste fatal

todos dicen que estás enamorada de él

todavía no he decidido nada... en todo caso no te lo diría, porque eres una cotilla

¿os habéis besado?

no quiero hablar de eso, ni siquiera contigo

entonces, ¿qué hacéis cuando salís juntos?

lo pasamos genial... no entiendo todo lo que me cuenta, pero tú no entenderías absolutamente nada

y ¿cuándo piensas cortar con él?

¿cómo puedes ser tan indiscreta e impertinente?

pregúntame más cosas

BRETECHER

Understanding the text

absolutamente (adv)	absolutely
ahora (adv)	now
el **amor** (nm)	love
besar (v)	to kiss
buenísimo/buenísima* (adj)	gorgeous
el **chismoso**/la **chismosa** (LAm) (nm,f)	→ cotilla
cómo (adv)	how
contar (v 5)	to tell
el/la **cotilla** (nmf)	gossip (person)
cuando (conj)	when
cuándo (adv)	when
de **acuerdo**	OK
decidir (v)	to decide
decir (v 37)	to say
dicen	→ decir
enamorado/enamorada (adj)	in love
entender (v 15)	to understand
entonces (adv)	then
eso (pron)	that
estar (v 11)	to be
fatal (adv)	awfully
el **futuro** (nm)	future
genial (adj)	great
gordo/gorda (adj)	fat
guapísimo/guapísima (LAm) (adj)	→ buenísimo
gustarle a uno (v)	to like
hablar (v)	to talk
hacer (v 22)	to do
horroroso/horrorosa (adj)	very ugly
la **idea** (nf)	idea
idiota (adj)	stupid
el/la **idiota** (nmf)	idiot
impertinente (adj)	impertinent
indiscreto/indiscreta (adj)	indiscreet
juntos (adj)	together
más (adv)	more
nada (pron)	nothing
ni siquiera	not even
pensar (v 6)	to think
perdona (exclam)	excuse me!
pero (conj)	but
piensas	→ pensar
poder (v 23)	to be able to
porque (conj)	because
preguntar (v)	to ask
puedes	→ poder
querer (v 26)	to want
qué (adv)	what
rellenito/rellenita (adj)	chubby
saber (v 27)	to know
salir (v 40)	to go out
ser (v 28)	to be
tan (adv)	so
tener (v 29)	to have
todavía (adv)	yet
todo (pron)	everything
todos (pron)	everybody
ver (v 30)	to see
vestir (v 34)	to dress
la **visión** (nf)	sight
viste	→ vestir

⬌ Love and Relationships

girlfriend	la novia
boyfriend	el novio
fiancée/fiancé	la prometida/el prometido
partner	el compañero/la compañera
wife	la mujer
husband	el marido
wedding	la boda
couple	la pareja
he fancies Gemma	le gusta Gemma
he asked me to go out with him	me pidió salir [con él (LAm)]
he's going out with her tonight	va a salir con ella esta noche
a blind date	una cita a ciegas
one-night stand	un rollo ⊚ de una noche, acostarse con alguien por una noche (LAm)
to get off with somebody	enrollarse ⊚ con alguien, ligarse ⊚ a alguien (LAm)
to go out with somebody	salir con alguien
they have been going out for two years	salen juntos desde hace dos años
they get on very well	se llevan muy bien
to fall in love	enamorarse
I love you	te quiero
she's in love with her teacher	está enamorada de su profesor
I think they are in love	creo que están enamorados
will you marry me?	¿te quieres casar conmigo?
they are engaged	están prometidos [comprometidos (LAm)]
they are getting married in June	se van a casar en junio
he invited me to his wedding	me invitó a su boda
a happy/unhappy marriage	un matrimonio feliz/desgraciado [infeliz (LAm)]

⬌ Key Structures

ese idiota de Moderno	that idiot Moderno
no tienes ni idea	you have no idea
tener visión de futuro	to be forward-looking
lo [la (LAm)] pasamos genial	we have a great time
¿cómo puedes ser tan indiscreta?	how can you be so indiscreet?
en todo caso	in any case
hay que tener...	one must have...
será que...	maybe...

INVASIÓN

Understanding the text

la **abuela** (nf)	grandmother
acabar de hacer algo	to have just done something
además (adv)	besides
el **agua** (nf)	water
la **balanza de pagos** (nf)	balance of payments
bueno (adv)	well
la **cesantía (LAm)** (nf)	→ **paro**
la **cocina** (nf)	kitchen
la **clase** (nf)	class
conocer a alguien (v 13)	to meet somebody
el **cuarto de hora** (nm)	a quarter of an hour
decir (v 37)	to say
el **dinero** (nm)	money
donar (v)	to give
durante (adv)	for
enfermo/enferma (adj)	sick
enviar (v)	to send
estacional (adj)	seasonal
estudiar (v)	to study
hay (v)	there is/there are
la **hermanita** (nf)	little sister
hoy (adv)	today
la **invasión** (nf)	invasion
ir (v 38)	to go
jugar (v 8)	to play
llamar (v)	to call
la **madre** (nf)	mother
matar (v)	to kill
meter (v)	to put in
mientras (adv)	while
mil veces (nfpl)	a thousand times
mira (v)	look
molestar (v)	to bother
la **nota** (nf)	note
nunca (adv)	never
el **padre** (nm)	father
la **papa (LAm)** (nf)	→ **patata**
el **paro*** (nm)	unemployment
la **patata*** (nf)	potato
pelado (adj)	peeled
el **policía** (nm)	policeman
poner a hervir (v 24)	to boil
por fin	at last
el **profesor/**la **profesora** (nm, f)	teacher
querer (v 26)	to want
quiero	→ **querer**
repetir (v 34)	to repeat
robar (v)	to steal
la **sangre** (nf)	blood
la **sal** (nf)	salt
tan (adv)	so
el **teléfono móvil*** (nm)	mobile phone
el **teléfono celular (LAm)** (nm)	→ **teléfono móvil**
urgentemente (adv)	urgently
vaya	→ **ir**
ver (v 30)	to see
visto	→ **ver**
vomitar (v)	to throw up

⭄ On the phone

hello?	¿dígame?, ¿sí?, ¿diga?, ¿bueno? (Mex)
may I speak to Cristina?	¿está Cristina?
speaking!	sí, soy yo
she's coming	ahora se pone, ahora viene (LAm)
hold on, please	un momento, por favor
I'll put her on	te paso con ella
who's speaking?	¿de parte de quién?
this is Marcos speaking	de parte de Marcos
she's not in	no está
I'll ring back later	llamaré más tarde
you've got the wrong number	se ha equivocado de número, es número equivocado (LAm)
who do you want to talk to?	¿con quién desea hablar?
extension 334, please	quería hablar con la extensión 334, por favor
I'll put you through	le paso la llamada
he's on the phone	está hablando por teléfono
you have reached Ana's answering machine	este es el contestador de Ana
please leave your message after the tone	deja tu mensaje después de la señal
the number you have dialled has not been recognized	el número marcado no existe
the lines are busy, please try again later	por sobrecarga en la red [las líneas están ocupadas (LAm)], rogamos marque de nuevo pasados unos minutos
answering machine	el contestador
mobile phone	el teléfono móvil [celular (LAm)]
telephone directory	la guía telefónica
yellow pages	las páginas amarillas
to dial	marcar
to phone somebody	llamar a alguien (por teléfono)
to pick up the phone	coger el teléfono
I'll get it!	¡yo lo cojo!, ¡yo contesto! (LAm)
to put down the phone	colgar
off the hook	descolgado
it's engaged	está comunicando [ocupado (LAm)]
there is no reply	no contestan
the lines are busy	las líneas están ocupadas

⭄ Key Structures

acaba de matar a un policía	she has just killed a policeman
acabo de llegar	I've just arrived
no es tan complicado	it's not so difficult
te lo he repetido mil veces	I've told you a thousand times

VACACIONES

Understanding the text

algunos/algunas (pron)	some
americano/americana (adj)	American
aquí (adv)	here
cuándo (adv)	when
decir (v 37)	to say
dicho	→ decir
el domingo (nm)	Sunday
los Estados Unidos (nmpl)	United States
este/esta (adj)	this
la familia (nf)	family
gracioso/graciosa (adj)	funny
grande (adj)	big
hacer (v 22)	to do
hay (v)	there is/there are
los hijos (nmpl)	children
el invitado (nm)	guest
ir (v 38)	to go
el mercado (LAm) (nm)	→ rastro
muy (adv)	very
ni hablar	no way
la noche (nf)	night
los padres (nmpl)	parents
el plan (nm)	plan
la playa (nf)	beach
poder (v 23)	to be able to
podrías	→ poder
el primo (nm)	cousin
qué (adv)	what
quedarse (v)	to stay
quizá (adv)	perhaps
el rastro* (nm)	flea market
saber (v 27)	to know
sé	→ saber
la Semana Santa (nf)	Easter
las vacaciones (nfpl)	holidays
vaya (exclam)	oh!
vayamos	→ ir
vamos	→ ir
vas	→ ir
el verano (nm)	summer
vivir (v)	to live
ya (adv)	already

⬅ Time off

what are you doing at Christmas?	¿qué vas a hacer en Navidad?
I'm going on my Easter holiday/vacation tomorrow	mañana me voy de vacaciones de Semana Santa
summer holidays/vacation	las vacaciones de verano
we're going to the countryside this holiday weekend	este puente nos vamos al campo
cruise	el crucero
safari	el safari
expedition	la expedición
rural tourism	el turismo rural
cycling holidays/vacation	el cicloturismo
riding holidays/horseback riding vacation	el turismo ecuestre
adventure holidays/vacation	el turismo de aventura
package holidays/vacation package	las vacaciones organizadas [de paquete (LAm)]
to spend one's holidays/vacation at the seaside	pasar las vacaciones en la playa
to be a tourist	hacer turismo, turistear (LAm)
to stay in a hotel	quedarse en un hotel
a room with en suite bathroom and a balcony	una habitación con baño y terraza
to rent a cottage	alquilar una casa rural [casa en el campo (LAm)]
with a swimming pool and a tennis court	con piscina [alberca (Mex)] y pista [cancha (LAm)] de tenis
a flat by the sea	un apartamento en la costa, un departamento en el mar (LAm)
youth hostel	el albergue juvenil
to go camping (on a campsite)	ir de cámping, ir a un campamento (LAm)
to go camping (in the countryside)	hacer acampada libre, ir a acampar (LAm)
time-share	la multipropiedad, la propiedad de tiempo compartido (LAm)
we visited lots of museums	visitamos muchos museos
I want to go on safari in Kenya	quiero hacer un safari en Kenia
they are going interrailing in Europe	van a hacer un interraíl por Europa
he is going skiing in the Pyrenees	se va a esquiar a los Pirineos
she is going to Florence to study Italian	se va a Florencia a aprender italiano

⬅ Key Structures

¿qué hacemos el domingo?	what are we doing on Sunday?
en fin	oh, well
quizá vayamos al rastro	we might go to the flea market

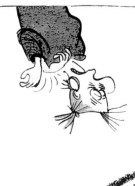

- **el rastro**: a big flea market held weekly in some towns.

- **el puente**: a short holiday/vacation consisting of a weekend, a public holiday which falls on a Thursday or a Tuesday and the intervening Friday or Monday.

INFORMÁTICA

Moderno, vamos a llegar tarde

no puedo ir, estoy ocupado

¡pero, hombre!

media hora de autobús... podías haberme llamado

he conectado con un sitio increíble, tú no lo entenderías

clic, clic, yeah

Mohamed ha entrado en el sistema del banco

sí... yo también hacía esas cosas de pequeño

pero el dinero no lo es todo en la vida

¡anda ya!

si pudieras pasarte un millón a tu cuenta corriente, ¿no lo harías?

no

yo he entrado en el sistema de búsqueda de vida extraterrestre de la NASA... el dinero no me interesa

¿puedo llamar por teléfono?

en el pasillo

son cinco duros

Understanding the text

¡anda ya!*	get away!
el **autobús** (nm)	bus
el **banco** (nm)	bank
la **búsqueda** (nf)	search
el **cerebro** (nm)	brain
cinco (num)	five
conectar (v)	to connect
las **cosas** (nfpl)	things
la **cuenta corriente** (nf)	current account
de **pequeño/de pequeña**	when I was little
el **dinero** (nm)	money
el **duro** Ⓢ (nm)	5 pesetas
entender (v 15)	to understand
entrar (v)	to get into
estar (v 11)	to be
estoy	→ estar
extraterrestre (adj)	extraterrestrial
hacer (v 22)	to do
harías	→ hacer
increíble (adj)	incredible
interesar (v)	to be of interest for
ir (v 38)	to go
llamar (v)	to call
llegar (v 3)	to arrive
media hora (nf)	half an hour
el **millón** (nm)	million
¡**no me digas!** (LAm)	→ ¡anda ya!
pasar* (v)	to transfer
el **pasillo** (nm)	hall
pero (conj)	but
¡**pero, hombre!**	oh, no!
poder (v 23)	to be able to
pudieras	→ poder
puedo	→ poder
ser (v 28)	to be
el **sistema** (nm)	system
el **sitio** (nm)	site
son	→ ser
también (adv)	also
tarde (adv)	late
todo (pron)	everything
transferir (LAm) (v 33)	→ pasar
vamos	→ ir
la **vida** (nf)	life

⮥ Computing and the Internet

Internet	Internet
web	la red
connection	la conexión
server	el servidor
web page	la página web
site	el sitio
e-mail	el correo electrónico
link	el enlace
chat	el chat
to chat	chatear
to download	bajar
search engine	el buscador
browser	el navegador
cybercafe	el cibercafé
to surf the Net	navegar por Internet
are you connected to the Internet?	¿estás conectado a Internet?
she has an excellent web page	tiene una página web buenísima
I've visited his web page and he has some very interesting links	he visitado su página y tiene unos enlaces muy interesantes
I've downloaded a program from the web	he bajado un programa de Internet
I want to make a web page for my company	quiero hacer una página web para mi empresa
I was chatting with some friends from Valencia	estuve chateando con unos amigos de Valencia
I downloaded my mail	bajé el correo
I have an e-mail from my cousin Vicente	tengo un correo de mi primo Vicente
we're in touch via e-mail	nos comunicamos por E-mail

⮥ Key Structures

vamos a llegar tarde	we're going to be late
podías haberme llamado	you could have phoned me
llamar por teléfono	to phone
el dinero no me interesa	I'm not interested in money

PREOCUPACIÓN

Understanding the text

a pie (adv)	on foot
así que (conj)	so
asaltar (LAm) (v)	→ atracar
atracar* (v 2)	to mug
atraquen	→ atracar
bien (adv)	well
la bronca (nf)	scolding
la calle (nf)	street
la casa (nf)	house
completamente (adv)	completely
el chico* (nm)	boy
decir (v 37)	to tell
el dedo (nm)	finger
despertar (v 4)	to wake up
dicho	→ decir
dónde (adv)	where
dormido/dormida (adj)	asleep
dormir (v 35)	to sleep
duerma	→ dormir
echar la bronca a alguien* (v)	to scold somebody
eso (pron)	that
espiar (v)	to spy on
estar (v 11)	to be
había (v)	there was/there were
hacer dedo* (v 22)	to hitchhike
hago	→ hacer
a estas horas	at this time
intentar (v)	to try
llamar (v)	to call
llamar por teléfono (v)	to phone
la madrugada (nf)	the morning
el muchacho (LAm) (nm)	→ chico
para (prep)	in order to
pasar la noche (v)	to spend the night
pedir aventón (LAm) (v 34)	→ hacer dedo
pero (conj)	but
porque (conj)	because
¿por qué?	why?
portarse (v)	to behave
la preocupación (nf)	worry
preocuparse por alguien (v)	to worry about somebody
próximo/próxima (adj)	next
querer (v 26)	to want
quieres	→ querer
regañar a alguien (LAm)	→ echar la bronca a alguien
saber (v 27)	to know
el taxi (nm)	taxi
el teléfono (nm)	telephone
tener (v 29)	to have
tener derecho a (v 29)	to have the right to
tengo	→ tener
todo el mundo (pron)	everybody
tranqui ☺ (exclam)	cool!
venir (v 42)	to come
la vez (nf)	time
vienes	→ venir
volver (v 17)	to come back
vuelva	→ volver
y punto	and that's that!

⮕ Emotions

happiness	la alegría
sadness	la tristeza
worry	la preocupación
fear	el miedo
anger	el enfado
love	el amor
jealousy	los celos
emotion	el sentimiento
to laugh	reírse
to smile	sonreír
to cry	llorar
to shout	gritar
to be pleased about something	estar contento de algo
I'm so happy for you!	¡me alegro mucho por ti!
a happy person	una persona alegre
I laugh because I'm happy	me río porque estoy contento
to be in love	estar enamorado
they love each other	se quieren
she fancies Jaime	le gusta Jaime
he's jealous	está celoso
to be afraid of something	tener miedo de algo
we were so scared!	¡qué miedo pasamos!, ¡teníamos mucho miedo! (LAm)
to worry about something/somebody	estar preocupado por algo/alguien
don't worry!	¡no te preocupes!
to be angry at somebody	estar enfadado [enojado (LAm)] con alguien
he was furious!	¡estaba furioso!
don't be upset!	¡no te enfades [enojes (LAm)]!
she regrets what she did	está arrepentida de lo que hizo
I'm sorry	perdón
I'm sorry you have to go	siento mucho que tengas que irte

⮕ Key Structures

a ver si te vas a ganar una bofetada [te vas a ameritar un castigo (LAm)]	you're in for a slap
tengo derecho a saber...	I have the right to know...
quiero saber...	I want to know...
no hacer más que...	to do nothing but...

TRABAJO DURO

es mi amiga Cuca, que si quieres hacer de canguro esta tarde

HACER DE CANGURO ESTA TARDE

sí... hola...

sí...

y ¿cuánto pagas?

ah... ¿sólo?... más los dos taxis... vale.

sí

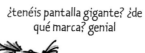

¿tenéis pantalla gigante? ¿de qué marca? genial

y antena parabólica ¿cuántos canales? ¿de verdad? genial

y si no hay nada bueno en los 45 canales, ¿qué vídeos tenéis? ¡genial!... y puedo usar Internet

ah, cualquier cosa... embutidos, patatas fritas, hamburguesas... ¿tenéis helado? sí... yogures, de cualquier sabor... menos fruta de la pasión

¿biberón?

ah... me había olvidado de que tengo un examen de matemáticas mañana por la mañana... sí, lo siento

¿vas a ir?

¿VAS A IR?

ah, no... hay un niño

BRETECHER

Understanding the text

algún/alguna (pron)	any
la **amiga** (nf)	friend
la **antena parabólica** (nf)	satellite dish
el **biberón** (nm)	baby bottle
bueno/buena (adj)	good
el **canal** (nm)	channel
las **carnes frías (LAm)** (nfpl)	→ embutido
la **cosa** (nf)	thing
cualquier (adj)	any
cuánto (adv)	how much
cuántos (adv)	how many
¿de verdad?	really?
dos (num)	two
duro/dura (adj)	hard
el **embutido*** (nm)	cold meat
este/esta (adj)	this
el **examen** (nm)	exam
frito/frita (adj)	fried
la **fruta de la pasión** (nf)	passion fruit
genial (adj)	super
gigante (adj)	giant
hacer de canguro* (v 22)	to babysit
la **hamburguesa** (nf)	burger
hay (v)	there is/there are
el **helado** (nm)	ice-cream
hola (exclam)	hello!
Internet (nf)	Internet
ir (v 38)	to go
lo siento	I'm sorry
mañana (adv)	tomorrow
la **mañana** (nf)	morning
la **marca** (nf)	brand name
más (adv)	plus
las **matemáticas** (nfpl)	maths
nada (pron)	nothing
el **niño** (nm)	boy
olvidarse (v)	to forget
pagar (v 3)	to pay
la **pantalla** (nf)	screen
la **papa (LAm)** (nf)	→ patata
las **papas fritas (LAm)** (nfpl)	→ patatas fritas
la **patata*** (nf)	potato
las **patatas fritas*** (nfpl)	chips, crisps
poder (v 23)	to be able to
puedo	→ poder
querer (v 26)	to want
quieres	→ querer
el **sabor** (nm)	flavour
ser (v 28)	to be
ser niñera (LAm) (v 28)	→ hacer de canguro
si (conj)	if
sólo (adv)	only
la **tarde** (nf)	evening
el **taxi** (nm)	taxi
tener (v 29)	to have
tengo	→ tener
el **trabajo** (nm)	work
usar (v)	to use
vale (exclam)	OK!
vas	→ ir
el **vídeo (video [LAm])** (nm)	video
el **yogur** (nm)	yogurt

⬅ Food and Drink

food	la comida
soup	la sopa
salad	la ensalada
vegetables	las verduras
meat	la carne
fish	el pescado
egg	el huevo
omelette	la tortilla [el omelet or la tortilla de huevo (LAm)]
dessert	el postre
drink	la bebida
water	el agua
milk	la leche
beer	la cerveza
wine	el vino
fizzy drink	el refresco
juice	el zumo, el jugo (LAm)
breakfast	el desayuno
lunch	la comida
afternoon tea	la merienda
dinner	la cena
we have white coffee and toast for breakfast	desayunamos café con leche y tostadas [pan tostado (LAm)]
we have lunch at half past two	comemos a las dos y media
we have a sandwich at six o'clock	a las seis tomamos un bocadillo de merienda [comemos un sandwich (LAm)]
do you want to stay for dinner?	¿quieres quedarte a cenar?
she's a vegetarian	es vegetariana
is there any meat in this dish?	¿hay carne en este plato?
enjoy your meal!	¡que aproveche!, ¡buen provecho! (LAm)

⬅ Key Structures

es Cuca, que si quieres hacer de canguro	it's Cuca; she wonders whether you want to babysit for her
cualquier cosa	anything
olvidarse de algo	to forget something
me había olvidado de [se me había olvidado (LAm)] que tengo un examen por la mañana	I had forgotten I have an exam in the morning
¿vas a ir?	are you going to go?

CUMPLEAÑOS

Understanding the text

la **abuela** (nf)	grandmother
algo (pron)	something
el **árbol genealógico** (nm)	family tree
bonito/bonita (adj)	beautiful
la **cámara** (nf)	camera
la **canción** (nf)	song
la **cinta** (nf)	tape
la **cosa** (nf)	thing
creer (v 19)	to think
el **cumpleaños** (nm)	birthday
decir (v 37)	to say
demasiado/demasiada (adj)	too much
dibujar (v)	to draw
diría	→ **decir**
editar (LAm) (v)	→ **montar**
encantarle a uno (v)	to love
entre (prep)	between
entre una canción y otra	between songs
enviar (v)	to send
la **época** (nf)	time
escribir (v)	to write
famoso/famosa (adj)	famous
grabar (v)	to record
hacer (v 22)	to do
la **historia ilustrada** (nf)	illustrated story
ir (v 38)	to go
llevar (v)	to take
luego (conj)	then
mañana (adv)	tomorrow
más (adv)	more
máximo (adv)	maximum
montar* (v)	to edit
muchísimo (adv)	a lot of
¿no?	don't you think?
nuestro/nuestra (adj)	our
o (conj)	or
la **obra de teatro** (nf)	play
otro/otra (adj)	another
para (prep)	for
pero (conj)	but
poder (v 23)	to be able to
podría	→ **poder**
podríamos	→ **poder**
¿por qué?	why?
preparar (v)	to prepare
protagonizar (v)	to be the star in
puedo	→ **poder**
saber (v 27)	to know how
la **semana** (nf)	week
ser (v 28)	to be
simplemente (adv)	simply
la **tarjeta de felicitación** (nf)	birthday card
el **tiempo** (nm)	time
el **trabajo** (nm)	work
usar (v)	to use
va	→ **ir**
la **vida** (nf)	life
el **vídeo*** (**video [LAm]**) (nm)	video
voy	→ **ir**

🖾 Art and Literature

artist	el/la artista
work of art	una obra de arte
painter	el pintor/la pintora
art gallery	el museo
painting	el cuadro
musician	el músico/la música
instrument	el instrumento
music	la música
dancer	el bailarín/la bailarina
writer	el escritor/la escritora
poet	el poeta/la poetisa
photographer	el fotógrafo/la fotógrafa
architect	el arquitecto/la arquitecta
we saw lots of paintings in the art gallery	vimos muchos cuadros en el museo
he has a good technique	tiene una técnica muy buena
there were some sculptures, too	también había esculturas
I don't like this style	no me gusta este estilo
Picasso was a great artist	Picasso era un gran artista
a photography exhibition	una exposición de fotografía
my sister plays the piano	mi hermana toca el piano
we're going to a classical concert	vamos a ir a un concierto de música clásica
they played some pieces by Ravel	tocaron obras de Ravel
we're going to the ballet this evening	esta tarde vamos al ballet
a contemporary dance show	un espectáculo de danza contemporánea
I'm interested in literature	me interesa la literatura
I like poetry books	me gustan los libros de poesía
she is very talented	tiene mucho talento

🖾 Key Structures

Suggestions:

podría escribir una obra de teatro	I could write a play
¿por qué no le envías una tarjeta?	why don't you send her a card?

FALLO

Understanding the text

Asia central	central Asia
copiar (v)	to copy
cual (pron)	which
de (prep)	from
dejar (v)	to let
él (pron)	him
elegir (v 32)	to choose
eligió	→ **elegir**
el **error (LAm)** (nm)	→ **fallo**
la **evolución** (nf)	evolution
el **examen** (nm)	exam
el **fallo*** (nm)	mistake
injusto/injusta (adj)	unfair
lo cual	which
pero (conj)	but
la **pregunta** (nf)	question
primero/primera (adj)	first
el **profesor**/la **profesora** (nm, f)	teacher
pues (conj)	since
los **recursos naturales** (nmpl)	natural resources
sacar (v 2)	to get
segundo/segunda (adj)	second
la **selva amazónica** (nf)	Amazon rainforest
todo (pron)	all
ver (v 30)	to see

⊞ Key Structures

déjame ver tu examen	let me see your paper

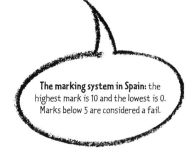

The marking system in Spain: the highest mark is 10 and the lowest is 0. Marks below 5 are considered a fail.

⊞ The Earth

the moon	la luna
the sun	el sol
planet	el planeta
star	la estrella
the continents	los continentes
Great Britain and Spain are in Europe	Gran Bretaña y España están en Europa
there are deserts and forests in Africa	en África hay desiertos y selvas
in North America, except for Mexico, English is the main language	en Norteamérica, excepto en México, el idioma principal es el inglés
in Central America and Mexico, Spanish is spoken	en América Central y en México se habla español
in South and Central America, Spanish and Portuguese are spoken	en América Central y del Sur se habla español y portugués
Asia is the largest continent	Asia es el continente más grande
Australia and the Pacific Islands are in the southern hemisphere	Oceanía está en el hemisferio sur
the planet earth is full of life	el planeta Tierra está lleno de vida
the poles are the coldest regions	los polos son las regiones más frías
most of the land is in the northern hemisphere	la mayor parte de la tierra firme está en el hemisferio norte
the Middle East is a dry area	Oriente Próximo [Cercano Oriente (LAm)] es una zona árida
fish and other animals live in the ocean	en los océanos viven peces y otros animales
it's hot in the tropics and many plants and animals live there	en los trópicos hace calor y abundan las plantas y los animales
river	el río
lake	el lago
sea	el mar
island	la isla
mountain	la montaña
the Iberian peninsula	la península ibérica
the Nile	el Nilo
the Thames	el Támesis
the Great Lakes	los Grandes Lagos
Lake Victoria	el lago Victoria
the Caribbean	el Caribe
the Mediterranean	el Mediterráneo
Niagara Falls	las cataratas del Niágara
the Himalayas	el Himalaya [los Himalayas (LAm)]
the Andes	los Andes
the Alps	los Alpes
the Rockies	las Rocosas

DESTINO

algunos días maldigo mi karma

¿qué quiere decir karma?

destino

¿y por qué no dice simplemente destino?

Agripina, no seas pesada

el karma es el destino determinado en las vidas futuras por los actos de las vidas anteriores, por ejemplo, si ordenas tu cuarto...

...es posible que en una vida futura vivas en un palacio

genial

pero también es posible que sea asistenta... ¡vaya karma!

basta ya

todo puede volverse contra mí, así que lo mejor es no hacer nada

ve a ordenar tu cuarto y punto

voy a ponerle las pilas al karma de Agripina

BRETECHER

Understanding the text

el **acto** (nm)	action
algunos/algunas (pron)	some
anterior (adj)	previous
así que (conj)	so
la **asistenta*** (nf)	cleaning lady
basta ya	enough is enough!
contra (prep)	against
el **cuarto** (nm)	bedroom
decir (v 37)	to say
el **destino** (nm)	fate
determinado/determinada (adj)	determined
el **día** (nm)	day
dice	→ decir
futuro/futura (adj)	future
genial (adj)	great
ir (v 38)	to go
el **karma** (nm)	karma
la **limpiadora (LAm)** (nf)	→ asistenta
maldecir (v 37)	to curse
maldigo	→ maldecir
mejor (adj)	better
nada (pron)	nothing
ordenar (v)	to tidy up
el **palacio** (nm)	palace
pero (conj)	but
pesado/pesada (adj)	annoying
la **pila** (nf)	battery
poder (v 23)	to be able to
poner las pilas (v 24)	to recharge the batteries
por ejemplo	for example
por qué	why

posible (adj)	possible
querer decir (v 26)	to mean
quiere	→ querer
sea	→ ser
seas	→ ser
ser (v 28)	to be
si (conj)	if
simplemente (adv)	simply
también (adv)	also
todo (pron)	all
¡vaya...! (exclam)	what a...!
ve	→ ir
la **vida** (nf)	life
vivir (v)	to live
volverse (v 17)	to turn
voy	→ ir
y punto	and that's that!

⊟ Key Structures

¿qué quiere decir karma?	what does karma mean?
no seas pesada	don't be annoying

⊟ Health

health	**la salud**
healthy	**sano/sana**
disease	**la enfermedad**
drug	**el medicamento**
aspirin	**la aspirina**
pill	**la pastilla**
antibiotic	**el antibiótico**
chemist's	**la farmacia**
doctor	**el/la médico**
ambulance	**la ambulancia**
hospital	**el hospital**
cancer	**el cáncer**
AIDS	**el sida**
how do you feel?	**¿cómo te encuentras [sientes (LAm)]?**
I don't feel very well, I have a cold	**no me encuentro [siento (LAm)] muy bien, tengo un resfriado**
David is ill, he's in bed with the flu	**David está enfermo, está en la cama con gripe**
the doctor gave him some pills	**el médico le ha dado unas pastillas**
get well soon!	**¡que te mejores!**
how is she?	**¿cómo está?**
she's in hospital	**está en el hospital**
she had a heart attack	**le dio un ataque al corazón**
he's better now	**ya está mejor**
gym	**el gimnasio**
sport	**el deporte**
exercise	**el ejercicio**
diet	**la dieta**
to keep fit	**mantenerse en forma**
you should do more exercise	**deberías hacer más ejercicio**
a balanced healthy diet	**una dieta sana y equilibrada [balanceada (LAm)]**

FLASH

estoy horrible, no me parezco en nada a mí

yo también estoy horrible, no me parezco en nada

a lo mejor no somos nosotras

no sé... ése es tu jersey

debe de ser una chica que se hizo una foto antes que nosotras y que llevaba el mismo jersey que yo

sí, y la otra llevaba la misma chaqueta que yo

qué rabia me da que una tipa horrorosa vaya vestida igual que yo

es verdad... vamos a repetir las fotos con otra ropa

BRETECHER

Understanding the text

antes que (prep)	before
la chica* (nf)	girl
deber de (v)	must
el mismo/la misma (pron)	the same
es verdad	it's true
ése/ésa (pron)	that one
estar (v 11)	to be
estoy	→ **estar**
el flash (nm)	flash
la foto (nf)	photo
hacerse una foto* (v 22)	to take a picture
horrible (adj)	horrible
horroroso/horrorosa (adj)	horrible
igual (adv)	same
ir (v 38)	to go
ir vestido/vestida (v 38)	to be dressed
el jersey* (nm)	jumper
llevar* (v)	to wear
mí (pron)	me
muchacha (LAm) (nf)	→ **chica**
nada (pron)	nothing
nosotras (pron)	we
parecerse (v 13)	to look like
parezco	→ **parecer**
la rabia (nf)	rage
repetir (v 34)	to repeat
la ropa (nf)	clothes
saber (v 27)	to know
sacarse una foto (LAm) (v 2)	→ **hacerse una foto**
sé	→ **saber**
ser (v 28)	to be
somos	→ **ser**
suéter (LAm) (nm)	→ **jersey**
también (adv)	also
la tipa ☺ (nf)	woman
traer (LAm) (v 25)	→ **llevar**
vamos a...	let's...
vaya	→ **ir**
vestido/vestida (pp)	dressed

 Clothes

trousers	los pantalones
jeans	los pantalones vaqueros
shorts	los pantalones cortos, los shorts (LAm)
skirt	la falda
dress	el vestido
jacket	la chaqueta, el saco (LAm)
jumper	el jersey, el suéter (LAm)
shirt	la camisa
T-shirt	la camiseta
top	el top, la blusa (LAm)
coat	el abrigo
hat	el sombrero
shoes	los zapatos
socks	los calcetines
tights	las medias
clothes shop	la tienda de ropa
shoe shop	la zapatería
we're going shopping for clothes	vamos a comprar ropa
what shall I wear?	¿qué me pongo?
that skirt looks very good on you	esa falda te queda muy bien
she was wearing a neat mini-skirt	llevaba una minifalda muy guay ☺, tenía una minifalda de pelos ☺ (Mex)
this dress is too tight for me	este vestido me aprieta
those trousers are too short/long for you	esos pantalones te quedan cortos/largos
my mother altered the dress for me	mi madre me arregló el vestido
it's too small/big for me	me queda pequeño/grande
I'm size 40	uso la talla 40, soy talla 40 (LAm)
put on your coat, it's cold	ponte el abrigo, que hace frío
he took his jacket off	se quitó la chaqueta [el saco (LAm)]
to do up one's buttons	abrocharse los botones
to undo/do up the zip	abrir/cerrar la cremallera [el zíper (LAm)]
it's all creased, I'll iron it	está arrugado, voy a plancharlo
to dress up	ponerse elegante, vestirse elegante (LAm)
to put on one's pyjamas	ponerse el [la (LAm)] pijama

 Key Structures

a lo mejor	perhaps
lleva el mismo jersey [suéter (LAm)] que yo	she is wearing the same jumper/sweater as me
debe de ser una chica [muchacha (LAm)] parecida a mí	it must be a girl who looks like me
debes ir	you must go
qué rabia [coraje (LAm)] me da que...	it's so annoying that...
me da rabia [coraje (LAm)] que siempre gane él	it's so annoying that he always wins

PHOTO QUICK

LA SEMANA MUSICAL

Understanding the text

la **abuela** (nf)	grandmother
ahora (adv)	now
el **beso** (nm)	kiss
la **cocina** (nf)	kitchen
el/la **colega** © (nmf)	friend
dar (v 10)	to give
dejar (v)	to leave
la **desgracia** (nf)	misfortune
encontrar (v 5)	to find
encuentro	→ encontrar
eres	→ ser
especial (adj)	special
estar (v 11)	to be
estoy	→ estar
hola (exclam)	hello!
el **libro** (nm)	book
malísimo/malísima (adj)	very bad
la **mamá** (nf)	mum
la **mesa** (nf)	table
mi amor	darling
musical (adj)	musical
nada (pron)	nothing
el **papá** (nm)	dad
pobre (adj)	poor
por favor	please
la **semana** (nf)	week
ser (v 28)	to be
el **silencio** (nm)	silence
la **tele** © (nf)	telly, TV
ver (v 30)	to watch
viendo	→ ver

⬌ Television

television	la televisión
programme	el programa
news	el telediario, las noticias (LAm)
weather	el tiempo
film	la película
documentary	el documental
talk show	el programa de entrevistas
game show	el concurso
series	la serie
soap opera	el culebrón, la telenovela (esp LAm)
children's programme	el programa infantil
studio	el plató, el estudio (LAm)
sitcom	la comedia
advert	el anuncio
aerial	la antena
channel	el canal
the remote control	el mando a distancia, el control remoto (LAm)
digital TV	la televisión digital
high definition TV	la televisión de alta definición
I like to watch TV	me gusta ver la tele
what's on TV today?	¿qué ponen [qué hay, qué dan (LAm)] hoy en la televisión?
there's a music programme on this afternoon	esta tarde ponen [hay (LAm)] un programa musical
the presenter is very nice	la presentadora es muy simpática
did you watch the documentary about lions?	¿viste el documental sobre leones?
that series was filmed in Barcelona	esa serie está rodada [filmada (LAm)] en Barcelona
my boyfriend was on TV yesterday	mi novio salió en la tele ayer
to turn on/off the TV	encender/apagar la televisión
to turn up/down the volume	subir/bajar el volumen
to switch channels	cambiar de cadena [canales (LAm)]

⬌ Key Structures

dame un beso	give me a kiss
ahora no, por favor	not now, please
¿qué tal?	how are you?

EL FUTURO

Understanding the text

ahora (adv)	now
antes (adv)	before
bueno (adj)	good
el **cariño** (nm)	love
la **carrera** (nf)	career
casarse con (v)	to marry
la **chica*** (nf)	girl
el **cirujano**/la **cirujana** (nm,f)	surgeon
como (adv)	as
el **corazón** (nm)	darling
cuando crezcas (LAm)	→ **de mayor**
de mayor*	when you're older
de todas maneras	in any case
¿de verdad?	really?
dejar (v)	to give up
desde luego	of course
el **dinero** (nm)	money
dinero por un tubo*	loads of money
dinero a pasto (LAm)	→ **dinero por un tubo**
el **error** (nm)	mistake
ésos/ésas (pron)	those ones
estar loco por	to be crazy about
estudiar (v)	to study
los **estudios** (nmpl)	studies
el **futuro** (nm)	future
ganar (v)	to earn
gran (adj)	big
guapa (adj)	pretty
haber (v 21)	to have
habría	→ **haber**
hacer (v 22)	to do
homeópata (adj)	homeopathic
hubiera	→ **haber**
mi amor	my love
millonario/millonaria (adj)	millionaire
mirar (v)	to look at
la **muchacha** (LAm) (nf)	→ **chica**
muchísimo/muchísima (adj)	a lot of
el **notario** (nm)	solicitor
la **peluquería** (nf)	hairdressing
poder (v 23)	to be able to
por ejemplo	for example
precioso/preciosa (adj)	gorgeous
principal (adj)	main
querer (v 26)	to want
quieres	→ **querer**
saber (v 27)	to know
la **sangre** (nf)	blood
ser (v 28)	to be
si (conj)	if
soportar (v)	to stand
tanto (pron)	as much
tener (v 29)	to have
tiene	→ **tener**
ya (adv)	already

⊡ Work

computer specialist	el informático/la informática, especialista en sistemas (LAm)
programmer	el programador/la programadora
salesperson	el vendedor/la vendedora
accountant	el/la contable, el contador/la contadora (LAm)
waiter/waitress	el camarero/la camarera, el mesero/la mesera (LAm)
nurse	el enfermero/la enfermera
dentist	el/la dentista
journalist	el/la periodista
air hostess	la azafata, la aeromoza (LAm)
secretary	el secretario/la secretaria
PA	el secretario/la secretaria
translator	el traductor/la traductora

what do you want to be?	¿qué quieres ser?
I want to be a scientist/a footballer	quiero ser científico/futbolista
what do you do?	¿en qué trabajas?
I wanted to be a doctor	yo quería ser médico
she's a famous lawyer	es una famosa abogada
he did a degree in engineering	estudió la carrera de ingeniero
but now he works as a teacher	pero ahora trabaja de profesor
she's a professional dancer	es bailarina profesional
he works in an office	es oficinista
she's a shop assistant/sales clerk in a department store	es dependienta [empleada (LAm)] en unos grandes almacenes [en una tienda de departamentos (Mex)]
she works in a factory	trabaja en una fábrica
she makes musical instruments	fabrica instrumentos musicales
he's a freelance accountant	es contable autónomo, es contador que trabaja por cuenta propia (LAm)
she's a bank manager	es directora de un banco
I like my job	me gusta mi trabajo

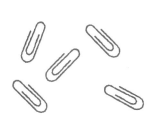

⊡ Key Structures

Terms of endearment all translate more or less the same: my pet or poppet.

corazón	
cariño	
preciosa	
mi amor	
lo tienes fácil	it's easy for you
para ti es fácil (LAm)	→ **lo tienes fácil**
estar loco por algo	to be crazy about something
ya no ganan tanto como antes	they don't earn as much as they used to

PLANES

Understanding the text

alisar (v)	to flatten
aumentar (v)	to enlarge
la **cabeza** (nf)	head
la **cirugía plástica (LAm)** (nf)	→ lifting
completo/completa (adj)	complete
cosechar (v)	to harvest
de la cabeza a los pies	from head to toe
después de (prep)	after
empezar (v 4)	to begin
entonces (adv)	then
entre 2002 y 2006	between 2002 and 2006
eso (pron)	that
el **estómago (LAm)** (nm)	→ vientre
el **éxito** (nm)	success
familiar (adj)	family
hacer (v 22)	to do
hago	→ hacer
los **hijos** (nmpl)	children
el **lifting** (nm)	plastic surgery
la **liposucción** (nf)	liposuction
el **muslo** (nm)	thigh
ocuparse de (v)	to devote time to
operar (v)	to operate on
la **papada** (nf)	double chin
el **pecho** (nm)	breast
el **pie** (nm)	foot
el **plan** (nm)	plan
poder (v 23)	to be able to
profesional (adj)	professional
puedo	→ poder
saber (v 27)	to know
sé	→ saber
tener (v 29)	to have
tengo	→ tener
la **vida** (nf)	life
el **vientre** (nm)	tummy
ya (adv)	already

⮕ Key Structures

me aumento el pecho [los pechos (LAm)]	I'll have my breasts enlarged
me hago una liposucción	I'll have liposuction
cosecharé mis éxitos profesionales	I'll achieve professional success
después de eso ya no sé qué hacer	I don't know what to do after that
de la cabeza a los pies	from head to toe

⮕ The Human Body

head	la cabeza
neck	el cuello
body	el cuerpo
back	la espalda
chest	el pecho
arm	el brazo
leg	la pierna
bottom	el trasero
waist	la cintura
hips	las caderas
elbow	el codo
shoulder	el hombro
knee	la rodilla
ankle	el tobillo
hand	la mano
foot	el pie
finger	el dedo (de la mano)
toe	el dedo del pie
she has very beautiful legs	tiene unas piernas muy bonitas
exercise develops the muscles	el ejercicio desarrolla los músculos
I go to the gym to keep fit	voy al gimnasio para mantenerme en forma
she has put on/lost some weight	ha engordado/adelgazado
she is too thin	está demasiado delgada
a tall, slim man	un hombre alto y delgado
I'm fat	estoy gordo
a short, blonde girl with glasses	una chica [muchacha (LAm)] baja, rubia y con gafas [anteojos (LAm)]

I have a stomach-ache	me duele el estómago
he has a sore back	le duele la espalda
I've hit my elbow	me he dado un golpe en el codo
heart	el corazón
lung	el pulmón
brain	el cerebro
stomach	el estómago

TRANSPORTE

Understanding the text

a menos que	unless
ahí (adv)	there
el **ayuntamiento*** (nm)	town hall
el **bar** (nm)	bar
la **barbacoa** (nf)	barbecue
bueno (adv)	OK
la **casa** (nf)	house
la **cerveza** (nf)	beer
el **chófer** (nm)	driver
la **chuleta de cordero** (nf)	lamb chop
el **coche** (nm)	car
coger (v 14)	to take
cojo	→ **coger**
el **conejo** (nm)	rabbit
conocer (v 13)	to know
el **cordero** (nm)	lamb
cuando (conj)	when
el **cumpleaños** (nm)	birthday
dar ilusión a alguien (LAm)	→ **hacer ilusión a alguien**
debido a	because of
el **dedo** (nm)	finger
dejar (v)	to leave
devolver (v 17)	to give back
donde (conj)	where
enfrente (adv)	opposite
en punto	o'clock
esperar (v)	to wait
la **gamba** (nf)	prawn
la **granja** (nf)	farm
hablar (v)	to talk
hacer ilusión a alguien*	to make somebody happy
hay (v)	there is/there are
el **hermano** (nm)	brother
invitar a alguien a algo (v)	to buy somebody something
ir a dedo* (v 38)	to hitchhike
ir andando (v 38)	to walk
ir de aventón, pedir aventón (LAm)	→ **ir a dedo**
el **kiosco** (nm)	kiosk
llevar (v)	to take, to give a lift
luego (adv)	later

la **madre** (nf)	mother
la **mamá** (nf)	mum
naturalmente (adv)	of course
la **nevera*** (nf)	fridge
nosotros/nosotras (pron)	we
el **padre** (nm)	father
el **palacio municipal (LAm)** (nm)	→ **ayuntamiento**
la **partida de póker** (nf)	game of poker
pedir (v 34)	to ask for
las **pelas*** (nfpl)	pesetas
pero (conj)	but
la **playa** (nf)	beach
poder (v 23)	to be able to
quedar con alguien (v)	to arrange to meet somebody
quienes (pron)	who
recoger (v 14)	to pick up
el **refrigerador (LAm)** (nm)	→ **nevera**
regresar (LAm) (v)	→ **volver**
el **regreso (LAm)** (nm)	→ **vuelta**
el **restaurante** (nm)	restaurant
reunirse (v)	to meet
salga	→ **salir**
salir de trabajar (v 40)	to finish work
si (conj)	if
el/la **skinhead** (nmf)	skinhead
suponer (v 24)	to suppose
la **tarde** (nf)	evening
tarde (adv)	late
tener (v 29)	to have
terminar de hacer algo (v)	to finish doing something
tomar (v)	to drink
trabajar (v)	to work
el **tractor** (nm)	tractor
traer (v 25)	to bring
¡tranquil! , ¡tranquila! (LAm) (exclam)	cool!
vale (exclam)	OK!
vamos	→ **ir**
los **varos (LAm)** (nmpl)	→ **pelas**
el **viejo** (nm)	old man
volver* (v 17)	to come back
la **vuelta*** (nf)	way back
vuelve	→ **volver**

⊡ Key Structures

no esperarás que haga de chófer [que la haga de chofer (LAm)], supongo	you don't expect me to be the driver, I suppose
a la vuelta de..., al regreso de... (LAm)	on the way back from...
hemos quedado [quedamos (LAm)] con el padre de Borja	we've arranged to meet Borja's father
si te hace [da (LAm)] ilusión	if it makes you happy
en ese caso	in that case
ni hablar, ni remedio (LAm)	no way
qué va, para nada (LAm)	no

⊡ Transport

car	el coche
bus	el autobús, el cam
taxi	el taxi
underground	el metro
train	el tren
local train	el tren de cercanías
boat	el barco
plane	el avión
station	la estación
airport	el aeropuerto
they drove me to Edinburgh	me llevaron en coche hasta Edimburgo
I'll drive there	iré en coche
this train takes you to Paris	este tren te lleva hasta París
they came by boat	vinieron en barco
the journey takes all night	el viaje dura toda la noche
we're flying to London	vamos a Londres en avión
to give somebody a lift	llevar a alguien, dar aventón a alguien (LAm)
can you give me a lift to the station?	¿me llevas [¿me das un aventón (LAm)] a la estación?
to take a taxi	coger un taxi
to go by bus	ir en autobús [en camión (Mex)]
to take the underground	coger el metro
to change lines	hacer transbordo, cambiar de líneas (LAm)
change at this station for line 1	esta estación tiene correspondencia [conexión (LAm)] con la línea 1

Understanding the text

abajo (adv)	downstairs
el **abogado** (nm)	lawyer
agotado/agotada (adj)	exhausted
algún/alguna (pron)	any
alucinar ◎ (v)	to be the limit
andando (adv)	on foot
arreglar (v)	to repair
arriba (adv)	upstairs
el **ascensor** (nm)	lift, elevator
bajar (v)	to go down
las **bambas*** (nfpl)	canvas shoes
el **barrio** (nm)	neighbourhood
el **bicho*** ◎ (nm)	brat
buscar (v 2)	to fetch
calzarse* (v)	to put on
el/la **canguro*** (nmf)	babysitter
la **chica** (nf)	girl
la **ciudad** (nf)	city
los **columpios** (nmpl)	the swings
conocer (v 13)	to know
contestar (v)	to reply
creer (v 19)	to think
cuando (conj)	when
decir (v 37)	to say
el **deporte** (nm)	sport
dónde (adv)	where
el **elevador (LAm)** (nm)	→ ascensor
encima (adv)	on top of that
en cuanto	as soon as
el **energúmeno**/la **energúmena** (nm,f)	lunatic
el **escuincle** ◎ **(Mex)** (nm)	→ bicho
estropeado (adj)	broken
hija ◎ (nf)	dear
la **hora** (nf)	hour
ir ◎ (v 38)	to work
justo (adv)	just
llamar (v)	to call
llegar de (v 3)	to arrive from
llevar (v)	to carry
la **millonaria** (nf)	millionaire
la **niña** (nf)	girl
la **niñera (LAm)** (nf)	→ canguro
noveno/novena (adj)	ninth
el **nueve** (num)	nine
pagar (v 3)	to pay
pesar (v)	to weigh
el **pie** (nm)	foot
el **piso** (nm)	floor
ponerse (LAm) (v 24)	→ calzarse
¿por qué?	why?
querer (v 26)	to want
la **señora** (nf)	lady
la **señora marquesa** (nf)	Her Ladyship
ser (v 28)	to be
subir (v)	to go up
la **tía** ◎ (nf)	woman
todos (adj)	all
la **tonelada** (nf)	ton
tranqui* ◎ (exclam)	cool!
tranquila (LAm) (exclam)	→ tranqui
el **tres** (num)	three
va	ir
vivir (v)	to live
los **zapatos de lona (LAm)** (nmpl)	→ bambas

football	el fútbol, el futbol (LAm)
basketball	el baloncesto, el basquetbol (LAm)
tennis	el tenis
rugby	el rugby
golf	el golf
athletics	el atletismo
swimming	la natación
cycling	el ciclismo
skiing	el esquí
gymnastics	la gimnasia
ball	la pelota
racquet	la raqueta
football pitch	el campo de fútbol [futbol (LAm)]
tennis court	la pista [cancha (LAm)] de tenis
golf course	el campo de golf
player	el jugador/la jugadora
referee	el árbitro
goal	la portería
game, match	el partido
team	el equipo
to win	ganar
to lose	perder
to play football/basketball	jugar al fútbol [futbol (LAm)]/al baloncesto [basquetbol (LAm)]
to cycle/swim	hacer ciclismo/natación
we played a game of football	jugamos un partido de fútbol [futbol (LAm)]
we won three nil	ganamos por tres a cero
he scored a goal	marcó [anotó (LAm)] un gol
they drew two all	empataron a dos

⊠ Key Structures

hacer de canguro [la niñera (LAm)]	to babysit
¡esa tía alucina!*, ¡esa señora es el colmo! (LAm)	that woman is the limit!
el ascensor no va, el elevador no sirve (LAm)	the lift/elevator doesn't work
ponerse hecha una energúmena	to blow a fuse
a pie	on foot
¿qué te parece?	how about that?
¡no, qué va!	(Ironic) not much!
tampoco te vas a morir	it won't kill you

ME ESPÍAN

Understanding the text

ahora (adv)	now
la **clave** (nf)	code
creer (v 19)	to think
decir (v 37)	to say
despacho (nm)	study
digo	→ **decir**
dímelo	→ **decir**
encantarle a uno (v)	to love
enterarse (v)	to find out
espiar (v)	to spy on
estar (v 11)	to be
fatal (adj)	very bad
hablar (v)	to speak
hacer (v 22)	to do
la **historia** (nf)	story
el **hombre** (nm)	man
ir (v 38)	to go
levantarse (v)	to get up
la **madre** (nf)	mother
mismo/misma (pron)	same
el **momento** (nm)	moment
otro/otra (adj)	another
el **padre** (nm)	father
la **paga** (nf)	pocket money
las **pelas** ⓖ (nfpl)	pesetas
pesado/pesada (adj)	annoying
poder (v 23)	to be able to
preguntar (v)	to ask
puedo	→ **poder**
regular (adj)	so-so
el **rollo** ⓖ (nm)	drag
semanal (adj)	weekly
sentarse (v 6)	to sit down
ser (v 28)	to be
el **sueco**/la **sueca** (nm,f)	Swede
va	→ **ir**
la **vez** (nf)	time
ya (adv)	now

⬌ Economy

the budget	**el presupuesto**
the economic situation	**la coyuntura económica**
the growth rate	**el índice de crecimiento**
market economy	**la economía de mercado**
macroeconomy	**la macroeconomía**
foreign trade	**el comercio exterior**
competition	**la competencia**
consumption	**el consumo**
gross domestic product	**el producto interior bruto**
gross national product	**el producto nacional bruto**
public sector	**el sector público**
private sector	**el sector privado**
primary sector	**el sector primario**
secondary sector	**el sector secundario**
tertiary sector	**el sector terciario**
a share	**una acción**
the stock exchange	**la Bolsa**
the share index	**el índice de valores**
industry	**la industria**
heavy industry	**la industria pesada**
energy	**la energía**
agriculture	**la agricultura**
tourism	**el turismo**
unemployment	**el paro, la cesantía (LAm)**
business	**los negocios**
company	**la empresa**
supply	**la oferta**
demand	**la demanda**
financial year	**el ejercicio financiero**
balance of trade	**la balanza comercial**
balance sheet	**el balance**
price	**el precio**
the wholesale price	**el precio al por mayor**
the retail price	**el precio de venta al público**

⬌ Key Structures

es la misma historia	it's the same
hacerse el sueco	to pretend one doesn't care
¡qué pesada!	how annoying!
¡vaya, hombre!	oh, no!
en clave	in code

LITERATURA

Understanding the text

alucinante* ⊚ (adj)	amazing	
antes (adv)	before	
el baño (LAm) (nm)	→ servicio	
bien (adv)	well	
caramba (exclam)	good heavens!	
casi (adv)	almost	
la chica* (nf)	girl	
como (prep)	like	
cómo (adv)	how	
común (adj)	ordinary	
contar (v 5)	to tell	
la continuación (nf)	sequel	
cuando (conj)	when	
cuánto (adv)	how much	
la cubierta (nf)	cover	
cuento	→ contar	
los derechos de autor (nmpl)	copyright	
describir (v)	to describe	
la diferencia (nf)	difference	
dónde (adv)	where	
envejecer (v 13)	to grow old	
ese/esa (adj)	that	
estar (v 11)	to be	
exactamente (adv)	exactly	
feo/fea (adj)	ugly	
fui	→ ser	
genial* (adj)	excellent	
hay (v)	there is/there are	
ilegible (adj)	unreadable	
increíble (adj)	incredible	
joven (adj)	young	
leer (v 19)	to read	
el libro (nm)	book	
la literatura (nf)	literature	
malísimo/malísima (adj)	very bad	
lo máximo ⊚ (LAm)	→ alucinante, genial	
mejor (adj)	better	
morir (v 43)	to die	
la muchacha (LAm) (nf)	→ chica	
muero	→ morir	
ni (conj)	not even	
el nombre (nm)	name	
la novela (nf)	novel	
el novio (nm)	boyfriend	
pagar (v 3)	to pay	
por favor	please	
porque (conj)	because	
primero/primera (adj)	first	
el resumen (nm)	summary	
salvo (prep)	except for	
ser (v 28)	to be	
el servicio* (nm)	toilet	
soy	→ ser	
también (adv)	also	
tan (adv)	so	
totalmente (adv)	totally	
vender (v)	to sell	
la vez (nf)	time	
la vida (nf)	life	
ya (adv)	already	

▣ Numbers

1	uno
2	dos
3	tres
4	cuatro
5	cinco
6	seis
7	siete
8	ocho
9	nueve
10	diez
11	once
12	doce
13	trece
14	catorce
15	quince
16	dieciséis
17	diecisiete
18	dieciocho
19	diecinueve
20	veinte
30	treinta
40	cuarenta
50	cincuenta
60	sesenta
70	setenta
80	ochenta
90	noventa
100	cien
1000	mil

number 78 won	ganó el número setenta y ocho
it costs 495 pesetas	cuesta cuatrocientas noventa y cinco pesetas
there were 25 of us	éramos veinticinco
millions of people were affected	resultaron afectadas millones de personas
one billion pounds	mil millones de libras

▣ Key Structures

¿dónde está el servicio [baño (LAm)]?	where's the toilet ?
ya no es como antes	things aren't like they used to be
cuando leí la cubierta casi me muero	when I read the back cover I nearly had a heart attack
tal cual	exactly the same
es mi vida tal cual	it's exactly the same as my life

REENCARNACIÓN

Understanding the text

acaso (adv)	perhaps
ah (exclam)	oh!
anterior (adj)	past
el apellido (nm)	surname
bueno/buena (adj)	good
chino/china (adj)	Chinese
claro (exclam)	of course!
cruel (adj)	cruel
de verdad	honestly
deber (v)	must
demasiado (adv)	too
después (adv)	then
duro/dura (adj)	hard
¿eh? (exclam)	uh?
erais*	→ ser
eran (LAm)	→ erais
eso (pron)	that
fácil (adj)	easy
fui	→ ser
fuiste	→ ser
la gente (nf)	people
hablar (v)	to talk
informar (v)	to inform
llamarse (v)	to be called
mío (pron)	mine
muy (adv)	very
ninguno/ninguna (pron)	nobody
normal (adj)	normal
pero (conj)	but
poder (v 23)	to be able to
poderoso/poderosa (adj)	powerful

la porquería (nf)	rubbish
primero (adv)	first
la princesa (nf)	princess
el príncipe (nm)	prince
puede	→ poder
pues no	no!
pues sí	yes!
querer (v 26)	to want
quiero	→ querer
la reencarnación (nf)	reincarnation
la reina (nf)	queen
respetable (adj)	respectable
el rey (nm)	king
ruso/rusa (adj)	Russian
saber (v 27)	to know
ser (v 28)	to be
sido	→ ser
el siglo (nm)	century
soy	→ ser
todo el mundo (pron)	everybody
todos (pron)	all
vaya... (exclam)	what...!
¿verdad?	weren't you?
la vida (nf)	life

☒ Key Structures

no todo el mundo puede haber sido Cleopatra	not everybody can have been Cleopatra
¿y tú qué sabes?	what do you know?
hablar de algo	to talk about something
¡vaya porquería de vidas anteriores!	what useless past lives!
lo mío sí que es bueno	mine is a good one

In Spanish, centuries are written using Roman numerals, e.g. **El siglo XXII** (spoken: el siglo veintidós) the 22nd century.

☒ Religion and Beliefs

agnostic	**agnóstico**
atheist	**ateo**
believer	**creyente**
Buddhist	**budista**
Christian	**cristiano**
Jehova's Witness	**testigo de Jehová**
Jewish	**judío**
Muslim	**musulmán**
Protestant	**protestante**
Roman Catholic	**católico**
God	**Dios**
goddess	**la diosa**
Allah	**Alá**
prayer	**la oración**
to pray	**rezar**
church	**la iglesia**
temple	**el templo**
mosque	**la mezquita**
service	**la misa**
priest	**el cura**
rabbi	**el rabino**
nun	**la monja**
monk	**el monje**
saint	**el santo/la santa**
the Bible	**la Biblia**
the Koran	**el Corán**
sect	**la secta**
orthodox	**ortodoxo**
she believes in God	**cree en Dios**
he's not religious	**no es religioso**
she goes to church on Sundays	**va a misa los domingos**
he practises Judaism	**practica el judaísmo**

GLOSSARY

A

abajo	(adv)	downstairs	61
abogado/abogada	(nm,f)	lawyer	61
absolutamente	(adv)	absolutely	33
abuela	(nf)	grandmother	35; 45; 53
abuelo	(nm)	grandfather	23
aburrido/aburrida	(adj)	**ser un aburrido**: to be a bore	21
aburrimiento	(nm)	boredom	21
aburrirse	(v)	to be bored	15
acabar con	(v)	to finish off	13
acaso	(adv)	perhaps	67
acordarse de	(v 5)	to remember	27
acto	(nm)	action	49
acuerda		→ acordarse	27
además	(adv)	besides	27; 35
adiós	(exclam)	goodbye!; bye!	11; 29
adivinar	(v)	to guess	19; 31
agotado/agotada	(adj)	exhausted	61
agradecer	(v 13)	to be grateful	11
agua	(nf)	water	13; 35
aguantarse	(v)	to put up with it	17
ah	(exclam)	oh!	67
ahí	(adv)	there	9; 59
ahora	(adv)	now	15;19;21;29;33; 53;55; 63
alfombra	(nf)	rug	13
algo	(pron)	something	45
alguien	(pron)	somebody; someone	13; 19; 27
algún/alguna	(pron)	any	21; 43; 61
algunos/algunas	(pron)	some	37; 49
alisar	(v)	to flatten	57
alucinante ⊚	(adj)	amazing	65
alucinar ⊚	(v)	to be the limit	61
amante	(nmf)	lover	15
ambulancia	(nf)	ambulance	13
América		America	29
americano/americana	(adj)	American	37
amigo/amiga	(nm,f)	friend	29; 43
amor	(nm)	love	15; 33; 53; 55
andando	(adv)	on foot	61
antena parabólica	(nf)	satellite dish	43
anterior	(adj)	past 67; previous 49	
antes	(adv)	before 55, 65; earlier 13	
antes que	(prep)	before	51
año	(nm)	year	19; 25
apagar	(v 3)	to put out 13; to turn off 53	
aparte de	(prep)	apart from	27
apatía	(nf)	apathy	21
apellido	(nm)	surname	67
aproximadamente	(adv)	approximately	25
aquí	(adv)	here	37
árbol genealógico	(nm)	family tree	45
armarse	(v)	**se armó una pelea**: a fight broke out	13
arreglar	(v)	to alter 51; to repair 61	
arreglos	(nmpl)	alterations	11
arriba	(adv)	upstairs	61
ascensor	(nm)	lift/elevator	61
así que	(conj)	so	41
Asia	(nf)	Asia	47
asistenta	(nf)	cleaning lady	49
atracar	(v 2)	to mug	41
atraquen		→ atracar	41
aumentar	(v)	to enlarge	57
autobús	(nm)	bus	39
aventón [LAm]	(nm)	lift	59
ayuntamiento	(nm)	town hall	59
azul	(adj)	blue	9; 25

B

bajar	(v)	to go down	19; 61
balanza de pagos	(nf)	balance of payments	35
bambas	(nfpl)	canvas shoes	61
banco	(nm)	bank	39
baño	(nm)	toilet	65
bar	(nm)	bar	59
barbacoa	(nf)	barbecue	59
bárbaro/bárbara [LAm]	(adj)	**¡qué bárbaro!**: wow!	19
barrio	(nm)	neighbourhood	61
basta	(exclam)	enough!	17; 31; 49

bebida	(nf)	drink	13; 43
besar	(v)	to kiss	19; 33
beso	(nm)	kiss	53
biberón	(nm)	baby bottle	43
bicho ⊚	(nm)	brat	61
bien	(adv)	well	29; 41; 65
bloquear	(v)	to block	11
boca	(nf)	mouth	17
bonito/bonita	(adj)	beautiful	25; 45; 57
botón	(nm)	button	11; 51
bronca	(nf)	scolding	41
buenísimo/buenísima	(adj)	excellent 39; gorgeous 33	
bueno	(adv)	OK 25, 59; well 15, 19, 35	
¿bueno? [Mex]	(exclam)	hello!	11
bueno/buena	(adj)	good	21; 23; 29; 43; 55; 67
buenos días	(exclam)	good morning!	11
buscar	(v2)	to look for 63; to fetch 61	
búsqueda	(nf)	search	39

C

cabeza	(nm)	head	57
cada	(adj)	every; each	25
calor	(nm)	heat	21
calzarse	(v)	to put on	61
callar	(v)	to shut up	17
calle	(nf)	street	41
cámara	(nf)	camera	45
cambiar	(v)	to change	31
canal	(nm)	channel	43
canción	(nf)	song	45
canguro	(nmf)	babysitter	43; 61
caramba	(exclam)	good heavens!	65
carga	(nf)	burden	15
cariño	(nm)	love	55
carne	(nf)	meat	43
carrera	(nf)	career 55; degree 55	
casa	(nf)	house	13; 23; 41; 59
casarse	(v)	to marry	33; 55
casi	(adv)	almost	65
caso	(nm)	**hacer caso**: to pay attention	13; 31
casualidad	(nf)	coincidence; chance	11
central	(adj)	central	47
cerca de	(prep)	near	19
cerebro	(nm)	brain	19; 39
cerveza	(nf)	beer	59
cesantía [LAm]	(nf)	unemployment	35
chachi ⊚	(adj)	super	25
chafar	(v)	to mess up	11
chao ⊚	(exclam)	see you!	11; 29
chica	(nf)	girl	51; 55; 61; 65
chico	(nm)	boy	41
chino/china	(adj)	Chinese	67
chismoso/chismosa [LAm]	(nmf)	gossip (person)	33
chófer	(nm)	driver	59
chuleta de cordero	(nf)	lamb chop	59
cinco	(num)	five	39
cine	(nm)	cinema	21; 27
cinta	(nf)	tape	45
cirujano/cirujana	(nmf)	surgeon	55
ciudad	(nf)	city	61
claro	(exclam)	of course!	23; 67
clase	(nf)	class	17; 35
clave	(nf)	**en clave**: in code	63
coche	(nm)	car	11; 59
cocina	(nf)	kitchen	35; 53
codo/coda ⊚ [LAm]	(adj)	stingy	31
coger	(v 35)	to take	59
cojo		→ coger	59
colarse	(v 5)	to gatecrash	13; 21
colega ⊚	(nmf)	friend	53
columpios	(nmpl)	playground	61
comer	(v)	to eat	27
comida	(nf)	food	13
como	(adv)	as 55; like 65	
cómo	(adv)	how	9; 19; 33; 65
completamente	(adv)	completely	41
completo	(adj)	**por completo**: completely	17
completo/completa	(adj)	complete	57
comprar	(v)	to buy	19; 21; 31
común	(adj)	ordinary	65

comunicar	(v 2)	**estar comunicando**:	
		to be engaged	23
comunicarse	(v 2)	to communicate	23;
		to contact [LAm]	23
con	(prep)	with	19; 21
concierto	(nm)	concert	25; 45
conectar	(v)	to connect	39
conejo	(nm)	rabbit	59
confundirse	(v)	to get confused	27
conocer	(v 13)	to meet 35; to know 15, 59, 61	
conseguir	(v 41)	to manage to	13
contacto	(nm)	**en contacto**: in touch	23
contar	(v 5)	to tell	19; 33; 65
contestar	(v)	to reply	35; 61
contexto	(nm)	context	25
contigo	(pron)	with you	65
continuación	(nf)	sequel	65
contra	(prep)	against	49
copiar	(v)	to copy	47
coraje [LAm]	(nm)	rage	51
corazón	(nm)	darling	55
cordero	(nm)	lamb	59
cosa	(nf)	thing	39; 43; 45
cosechar	(v)	to harvest	57
costa	(nf)	seaside	37
costar	(v 5)	to cost	19
cotilla	(nmf)	gossip (person)	33
creer	(v 19)	to think 45, 61, 63; to believe 67	
crisis	(nf)	crisis	19
cruel	(adj)	cruel	67
cuál	(pron)	which	25
cualquier	(adj)	any	43
cuando	(conj)	when	27; 33; 59; 65
cuándo	(adv)	when	33; 37
cuánto	(adv)	how much	19; 43; 65
cuántos	(adv)	how many	19; 43
cuarto	(nm)	bedroom	49
cuarto de baño	(nm)	bathroom	9; 19
cuarto de hora	(nm)	quarter of an hour	35
cubierta	(nf)	cover	65
cubo	(nm)	bucket	13
cuenta corriente	(nf)	current account	39
cuento		→ **contar**	65
cumpleaños	(nm)	birthday	27; 45; 59
cuñada	(nf)	sister-in-law	23

D

dar	(v 10)	to give	31; 53
de	(prep)	of; from	
de aúpa ☺	(adj)	spiffing	25
deber	(v)	must	51; 67
decidir	(v)	to decide	33
decir	(v 37)	to say	
		to tell 41	
decisión	(nf)	decision	29
dedo	(nm)	finger	41; 59
dejar	(v)	to give up 55; to leave 53, 59; to let 47;	
		to stop 11	
demasiado	(adv)	too 45, 67; too much 31	
demasiados/demasiadas	(adj)	too many	21; 31
dentro de	(prep)	inside	9
depender de	(v)	to depend on	25
deporte	(nm)	sport	21; 49; 61
derecho	(nm)	right	41
derechos de autor	(nmpl)	copyright	65
describir	(v)	to describe	65
desde	(prep)	since; from	
desgracia	(nf)	misfortune	53
despacho	(nm)	study	63
despertar	(v 6)	to wake up	41
después	(adv)	then	67
después de	(prep)	after	57
desteñir, desteñirse [LAm]	(v)	to discolour	13
destino	(nm)	fate	49
destiñeron		→ **desteñir**	13
detalle	(nm)	detail	31
detener	(v 29)	to arrest	13
determinado/determinada	(adj)	determined	49
detuvo		→ **detener**	13
devolver	(v 17)	to give back	59
di		→ **decir**	19
día	(nm)	day	19; 27; 29; 49
dibujar	(v)	to draw	45

dice		→ **decir**	49
dicen		→ **decir**	33
dicho		→ **decir**	25; 35; 37; 41
diciendo		→ **decir**	25
diferencia	(nf)	difference	65
dígame	(exclam)	hello!	11
digo		→ **decir**	19; 61; 63
dímelo		→ **decir**	63
dinero	(nm)	money	31; 35; 39; 55
dirección	(nf)	address	23
diría		→ **decir**	45
disco	(nm)	record	21; 65
disfrutar de	(v)	to enjoy	29
divertirse	(v 33)	to have fun	15
DNI	(nm)	ID card	13
domingo	(nm)	Sunday	37
donar	(v)	to give	35
donde	(conj)	where	59
dónde	(adv)	where	9; 41; 61; 65
dormido/dormida	(adj)	asleep	41
dormir	(v 35)	to sleep	41
dos	(num)	two	43
duerma		→ **dormir**	41
durante	(adv)	for	35
duro ☺	(nm)	5 pesetas	39
duro/dura	(adj)	hard	43; 67

E

echar	(v)	to let off	13
echar	(v)	**echar la bronca**: to scold	41
echar	(v)	**echar a perder**:	
		to mess up	11
edad	(nf)	age	31
¿eh?	(exclam)	uh?	67
ejemplo	(nm)	example	49; 55
él	(pron)	he, him	
elegir	(v 32)	to choose	47
elevador [LAm]	(nm)	lift/elevator	61
eligió		→ **elegir**	47
embutido	(nm)	cold meat	43
empezar	(v 4)	to begin	57
enamorado/enamorada	(adj)	in love	33; 41
encantarle a uno	(v)	to love	31; 45; 63
encima	(adv)	**llevar encima**: to carry	13; 61
encontrar	(v 5)	to find	53
encuentro		→ **encontrar**	53
energúmeno/energúmena	(nm,f)	lunatic	61
enfadarse	(v)	to get upset	25
enfermo/enferma	(adj)	ill 49; sick 35	
enfrente	(adv)	opposite	59
entender	(v 15)	to understand	25; 33; 39
enterarse	(v)	to find out	63
entierro	(nm)	funeral	27
entonces	(adv)	then	11; 13; 25; 27; 33; 57
entrar	(v)	to get into	39
entre	(prep)	between	45; 57
envejecer	(v 13)	to grow old	65
enviar	(v)	to send	9; 35; 45
época	(nf)	time	45
equivocarse	(v 2)	to make a mistake	11
era		→ **ser**	11
erais		→ **ser**	67
eran		→ **ser**	67
eres		→ **ser**	9; 53
error	(nm)	mistake	55
es		→ **ser**	
escaparse	(v)	to come out	17
escribir	(v)	to write	17; 23; 45
escuchar	(v)	to listen	9; 29
escuincle [LAm] ☺	(nm)	brat	61
ése	(pron)	that one	31; 51
ese/esa	(adj)	that	65
eso	(pron)	that	33; 41; 57; 67
eso	(exclam)	yes!	19
esos/ésas	(pron)	those ones	55
especial	(adj)	special	53
esperar	(v)	to wait 59; to expect 11	
espiar	(v)	to spy on	41; 63
estacional	(adj)	seasonal	35
Estados Unidos	(nmpl)	United States	29; 37
estar	(v 11)	to be	
este/esta	(adj)	this	9; 37; 43
ésto	(pron)	this	31

estoy		→ estar	11; 39; 51; 53
estropeado/estropeada	(adj)	broken	61
estudiar	(v)	to study	13, 35, 55
estudio	(nm)	salon 11; studio flat 19	
estudios	(nmpl)	studies	55
estudios de cine	(nmpl)	cinema studios	29
evolución	(nf)	evolution	47
exactamente	(adv)	exactly	65
examen	(nm)	exam	43; 47
existir	(v)	to exist	9; 27
éxito	(nm)	success	57
expedición	(nf)	expedition	29; 37
extraterrestre	(adj)	extraterrestrial	39

F

fácil	(adj)	easy	23; 67
fallo	(nm)	mistake	47
familia	(nf)	family	37
familiar	(adj)	family	57
famoso/famosa	(adj)	famous	45
fatal	(adj)	very bad	63
fatal	(adv)	awfully	33
favor	(nm)	por favor: please	25; 53; 65
fax	(nm)	fax	23
feo/fea	(adj)	ugly	65
ferretería	(nf)	ironmonger's	11
fiesta	(nf)	party	13; 25; 65
final	(nm)	end	13
foto	(nf)	photo	51
fresa	(nf)	strawberry	17
frito/frita	(adj)	fried	43
fruta de la pasión	(nf)	passion fruit	43
fue		→ ser	13
fuego	(nm)	fire	13
fuerte ⊚	(adj)	¡qué fuerte!: wow!	19
fui		→ ser	65; 67
fuiste		→ ser	67
funcionar	(v)	to work	65
futuro	(nm)	future	15; 33; 55
futuro/futura	(adj)	future	49

G

gamba	(nf)	prawn	59
ganar	(v)	to earn	55
ganas	(nfpl)	tener ganas: to feel like	21
gases lacrimógenos	(nmpl)	tear gas	13
genial	(adj)	great	31; 33; 43; 49; 65
gente	(nf)	people	15; 21; 31; 67
gigante	(adj)	giant	43
gordo/gorda	(adj)	fat	9; 33; 57
grabar	(v)	to record	45
gracias	(exclam)	thank you!	11; 15; 31
gracioso/graciosa	(adj)	funny	37
gran	(adj)	big	55
grande	(adj)	big	37
granja	(nf)	farm	59
grano	(nm)	grain	11
guapa	(adj)	pretty	15; 55
guapísimo/guapísima	(adj, nmf)	gorgeous	29; 33
guay ⊚	(adj)	neat	25; 31
gustarle a uno	(v)	to like; to fancy	33

H

haber	(v 21)	to have	
había	(v)	there was/there were	41
habla	(nf)	al habla: speaking	11
hablar	(v)	to speak 23, 63; to talk 9, 23, 29, 33, 59, 67	
habría		→ haber	55
hacer	(v 22)	to do	
		to make 13; to have 1	
hacer calor	(v 22)	to be hot	65
hacer dedo	(v 22)	to hitchhike	41
hagas		→ hacer	31
hago		→ hacer	23; 41; 57
hamburguesa	(nf)	burger	43
harías		→ hacer	39
hasta	(adv)	until	11
hay	(v)	there is/there are	21; 35; 37; 43; 59; 65
helado	(nm)	ice-cream	43

hermanita	(nf)	little sister	35
hermano	(nm)	brother	27; 59
hervir	(v)	to boil	35
hiciera		→ hacer	9
hija ⊚	(nf)	dear	61
hijo	(nm)	son	27; 29; 31
hijos	(nmpl)	children	15; 37; 57
historia	(nf)	story	45, 63
hizo		→ hacer	23; 27
hola	(exclam)	hello!	43; 53
hombre	(nm)	man	39; 57; 63
homeópata	(adj)	homeopathic	55
hora	(nf)	hour 23, 61; time 41	
horrible	(adj)	horrible	17; 51
horror	(exclam)	how terrible!	17
horroroso/horrorosa	(adj)	horrible 13, 51; very ugly 33	
hoy	(adv)	today	31; 35; 53
hubiera		→ haber	55
hueles		→ oler	17

I

idea	(nf)	idea	23; 33
ideal	(adj)	perfect	29
idiota	(adj)	stupid	33
idiota	(nmf)	idiot	33
igual	(adv)	same	27; 51
ilegible	(adj)	unreadable	65
ilusión	(nf)	hacer ilusión: to make happy	59
ilustrado/ilustrada	(adj)	illustrated	45
impertinente	(adj)	impertinent	33
importante	(adj)	important	11
incluso	(adv)	even	25
increíble	(adj)	incredible	19; 31; 39; 65
indiscreto/indiscreta	(adj)	indiscreet	33
informar	(v)	to inform	67
injusto/injusta	(adj)	unfair	47
insistir	(v)	to insist	27
intentar	(v)	to try	23; 41
interacción	(nf)	interaction	25
interesar	(v)	to interest	39
Internet	(nf)	Internet	43
invasión	(nf)	invasion	35
invitado	(nm)	guest	37
invitar	(v)	to invite	29
invitar	(v)	invitar a alguien a algo: to buy somebody something	59
invitar	(v)	invitar a comer: to take out for lunch	27
ir	(v 38)	to go	
ir ⊚	(v 38)	to work	61
ir a dedo	(v 38)	to hitchhike	59
ir andando	(v 38)	to walk	59

J

jazz	(nm)	jazz	29
jersey	(nm)	jumper	51
joven	(adj)	young	15; 65
jugar	(v 8)	to play	21; 35; 61
juguete	(nm)	toy	31
julio	(nm)	July	27; 29
juntos/juntas	(adj)	together	33
justo	(adv)	just	61
juventud	(nf)	youth	15

K

karma	(nm)	karma	49
kiosco	(nm)	kiosk	59

L

lámpara	(nf)	lamp	13
lana ⊚ [LAm]	(nm)	dosh	21
largo/larga	(adj)	long	29
lata	(nf)	dar la lata a: to annoy	27
lavavajillas	(nm)	dishwasher	19
leer	(v 19)	to read	17; 65
lejísimos	(adv)	very far	65
lenguaje	(nm)	language	25
levantarse	(v)	to get up	63
libro	(nm)	book	53; 65

lifting	(nm)	plastic surgery	57
limpiar	(v)	to clean	13
limpieza	(nf)	cleaning	13
línea	(nf)	line	11
líneas aéreas	(nfpl)	airlines	11
liposucción	(nf)	liposuction	11; 57
literatura	(nf)	literature	17; 65
llamada	(n)	call	11; 27
llamar	(v)	to call	13; 29; 35; 39; 41; 61
llamar por teléfono	(v)	to phone	41
llamarse	(v)	to be called	67
llegar	(v 3)	to arrive	13; 39; 61
llevar	(v)	to carry 61; to take 27, 45, 59; to give a lift 59; to wear 9, 51	
loco/loca	(adj)	crazy	55
luego	(adv)	later	29; 59
luego	(conj)	then	13; 45

M

madre	(nf)	mother	19; 27; 35; 59; 63
madrugada	(nf)	the morning	41
mal	(adj)	bad	17
maldecir	(v 37)	to curse	49
maldigo		→ maldecir	49
malísimo/malísima	(adj)	very bad	53; 65
mamá	(nf)	mum	25; 53; 59
mandar	(v)	to send	23
mandar por correo	(v)	to post	23
mañana	(nf)	morning	17; 43
mañana	(adv)	tomorrow	17; 43; 45
marca	(nf)	brand name	19; 43
marcharse	(v)	to go away	27
marquesa	(nf)	marquise	61
más	(adv)	more 33, 45; plus 29, 43; so 31	
matar	(v)	to kill	35
matemáticas	(nfpl)	maths	43
máximo	(adv)	maximum	45
máximo	(nm)	lo máximo ⊚ [esp Mex]: excellent	25; 65
mayor	(adj)	older	55
media	(nf)	las 4 y media: half past four	27
media hora	(nf)	half an hour	39
mejor	(adj)	better	15; 49; 65
menos	(adv)	less 9; except for 3	
menos	(adv)	a menos que: unless	59
menos	(adv)	lo menos: at least	19
menú	(nm)	menu	25
mercado [LAm]	(nm)	flea market	37
merecer la pena	(v 13)	to be worth	31
mesa	(nf)	table	19; 53
meter	(v)	to put in 35; to put 23	
mí	(pron)	me	9; 51; 55
miedo	(nm)	fear	15; 41
mientras	(adv)	while	35
mil	(num)	one thousand	25
milagro	(nm)	miracle	27
millón	(nm)	million	19; 39
millonario/millonaria	(nm,f. adj)	millionaire	55; 61
mío	(pron)	mine	67
mira	(exclam)	look!	35
mirar	(v)	to look at	55
miserable	(adj)	miserable	27
mismo/misma	(pron)	same	51; 63
mitad	(nf)	la mitad: half	19
mocoso	(nm)	brat	31
moda	(nf)	fashion	29
modelo	(nmf)	model	11
molestar	(v)	to bother	35
momento	(nm)	moment	35; 63
montar	(v)	to edit	45
montón	(nf)	un montón de: lots of	15
morir	(v 43)	to die	15; 65
mosquito	(nm)	mosquito	19
muchacha	(nf)	girl	51; 55; 65
muchacho	(nm)	boy	41
muchísimo/muchísima	(adj)	a lot of	45; 55
mucho	(adv)	much	11; 15
muere		→ morir	15
muermo ⊚	(nm)	ser un muermo: to be a bore	21; 65

muero		→ morir	65
mundo	(nm)	world	11; 15
museo	(nm)	museum	29
música	(nf)	music	21
musical	(adj)	musical	53
muslo	(nm)	thigh	57
muy	(adv)	very	37; 67

N

nada	(pron)	nothing	15; 21; 31; 33; 43; 49; 51; 53
nadie	(pron)	nobody	25
natural	(adj)	natural	47
naturaleza	(nf)	nature	29
naturalmente	(adv)	of course	59
necesitar	(v)	to need	19
negro/negra	(adj)	black	15
nevera	(nf)	fridge	59
ni	(conj)	not even	65
ninguno	(pron)	nobody 67, none 21	
niña	(nf)	girl	61
niñera	(nf)	babysitter	61
niño	(nm)	boy	43
noche	(nf)	night	37
nombre	(nm)	name	19; 65
normal	(adj)	normal	67
nosotros/nosotras	(pron)	we	51; 59
nota	(nf)	note	35
notario	(nm)	solicitor	55
novela	(nf)	novel	65
noveno/novena	(adj)	ninth	61
noviembre	(nm)	November	27
novio	(nm)	boyfriend	13; 65
nuestro/nuestra	(pron)	our	
nueve	(num)	nine	61
nuevo/nueva	(adj)	new	11
número	(nm)	number	11; 23
nunca	(adv)	never	15; 19; 35

O

o	(conj)	or	45
obediencia	(nf)	obedience	29
obligatoriamente	(adv)	compulsorily	29
obra de teatro	(nf)	play	21
obras	(nfpl)	repairs	19
ocasión	(nf)	de ocasión: used	11
ocho	(num)	eight	29
octubre	(nm)	October	27
ocupado/ocupada	(adj)	busy	23
ocuparse de	(v)	to devote time to	57
ofrecer	(v 13)	to offer	29
oír	(v 39)	to listen to	21
oler	(v 18)	to smell	17
olvidar	(v)	to forget	17
olvidarse	(v)	to forget	31; 43
operar	(v)	to operate on	57
ordenar	(v)	to tidy up	49
otro/otra	(adj)	another	45; 63

P

padre	(nm)	father	13; 27; 29; 35; 59; 63
padre ⊚ [esp Mex]	(adj)	super	25
padres	(nmpl)	parents	13; 37
paga	(nf)	pocket money	63
pagar	(v 3)	to pay	19; 43; 61; 65
palacio	(nm)	palace	49
palacio municipal [LAm]	(nm)	town hall	59
pantalla	(nf)	screen	43
papa [LAm]	(nf)	potato	35; 43
papá	(nm)	dad	31; 53
papada	(nf)	double chin	57
para	(prep)	for; in order to	11; 15; 17; 41; 45
parar	(v)	to stop	13
parecer	(v 13)	me parece: I think	29
parecerse	(v 13)	to look like	29; 51
parezco		→ parecer	51
paro	(nm)	unemployment	35; 63
parque	(nm)	park	27
partida	(nf)	game	59

pasado/pasada	(adj)	last	19
pasar	(v)	to transfer 39; to spend 41; to pass on 11	
pasar ◉	(v)	**paso de fiestas**: I'm not into parties	21
pasillo	(nm)	hall	39
patada	(nf)	kick	25
patata	(nf)	potato	35; 43
patatas fritas	(nfpl)	chips; crisps	43
pecho	(nm)	breast 57; chest 57	
pedir	(v 34)	to ask for	11; 59
pelado/pelada	(adj)	peeled	35
pelas ◉	(nfpl)	dosh 21, 31; pesetas 59, 63	
pelea ◉	(nf)	fight	13
película	(nf)	film	21
pelos	(nmpl)	**de pelos [Mex] ◉**: neat	25
peluquería	(nf)	hairdressing	55
pensar	(v 6)	to think	13; 31; 33
perdona	(exclam)	excuse me!	33
periódico	(nm)	newspaper	13
pero	(conj)	but	
pesado/pesada	(adj)	annoying	49; 63
pesar	(v)	to weigh	61
peseta	(nf)	peseta	31
pie	(nm)	foot	57; 61
pie	(nm)	**a pie**: on foot	41
piensas		→ **pensar**	33
pienso		→ **pensar**	31
pila	(nf)	battery	49
piso	(nm)	floor	61
plan	(nm)	plan	25; 37; 57
playa	(nf)	beach 37, 59; seaside 37	
plaza	(nf)	square	21
pobre	(adj)	poor	53
poder	(v 23)	to be able to	
poderoso/poderosa	(adj)	powerful	67
podría		→ **poder**	19; 31; 45
podríamos		→ **poder**	21; 45;
podrías		→ **poder**	37
poesía	(nf)	poem	17
póker	(nm)	poker	59
policía	(nm)	policeman 35; police 13	
poner	(v 24)	to put	23
ponerse	(v 24)	to put on	61
por	(prep)	for; by; because of	
porque	(conj)	because	13; 19; 33; 41; 65
porquería	(nf)	rubbish	67
portarse	(v)	to behave	41
posible	(adj)	possible	49
precio	(nm)	price 19, 31; price label 31	
preciosa	(adj)	gorgeous	55
pregunta	(nf)	question	9; 47
preguntar	(v)	to ask	33; 63
prender	(v)	**prender fuego**: to set fire	13
preocupación	(nf)	worry	41
preparar	(v)	to prepare	45
previsto	(pp)	planned	13
primero	(adv)	first	13; 67
primero/primera	(adj, pron)	first	47; 65
primo/prima	(nm,f)	cousin	37
princesa	(nf)	princess	17; 67
principal	(adj)	main	55
príncipe	(nm)	prince	67
profesional	(adj)	professional	55; 57
profesor/profesora	(nm,f)	lecturer 15; teacher 15, 35, 47, 55	
propina	(nf)	tip	31
protagonizar	(v)	to be the star in	45
próximo/próxima	(adj)	next	41
pudieras		→ **poder**	39
puede		→ **poder**	31; 67
puedes		→ **poder**	33
puedo		→ **poder**	21; 29; 39; 43; 45; 57; 63
pues	(conj)	since	47
punto	(nm)	**¡y punto!**: and that's that!	41; 49
punto	(nm)	**en punto**: o'clock	59

Q

qué	(adv)	what	
quedar	(v)	to arrange to meet	59
quedarse	(v)	to stay	37
queja	(nf)	complaint	27
querer	(v 26)	to want; to love	
querido/querida	(adj)	dear	27
quién	(adv)	who	9; 11; 19; 41
quienes	(pron)	who	59
quiera		→ **querer**	25
quiere		→ **querer**	49
quieres		→ **querer**	41; 43; 55
quiero		→ **querer**	35; 67
quitar	(v)	to remove	31
quizá	(adv)	perhaps	37

R

rabia	(nf)	rage	51
rancho	(nm)	ranch	29
rastro	(nm)	flea market	37
rata ◉	(adj)	stingy	31
recitar	(v)	to recite	17
recoger	(v 14)	to pick up	59
recurso	(nm)	resource	47
reencarnación	(nf)	reincarnation	67
refrigerador [LAm]	(nm)	fridge	59
regalar	(v)	to give	31
regalo	(nm)	present	31
regañar	(v)	to scold	41
regresar	(v)	to come back	59
regreso	(nm)	way back	59
regular	(adj)	so-so	63
reina	(nf)	queen	67
rellenito/rellenita	(adj)	chubby	33
repetir	(v 34)	to repeat	35; 51
respetable	(adj)	respectable	67
restaurante	(nm)	restaurant	59
resumen	(nm)	summary	65
reunirse	(v)	to meet	59
rey	(nm)	king	67
robar	(v)	to steal	35
rollo ◉	(nm)	boring story 27; drag 63	
romper con	(v)	to break up with	19
ropa	(nf)	clothes	21; 51
roto		→ **romper**	19
ruso/rusa	(adj)	Russian	67

S

saber	(v 27)	to know 17, 19, 23, 33, 37, 41, 55, 57, 67; to know how 45	
sabor	(nm)	flavour	43
sacar	(v 2)	to get	15; 47
sal	(nf)	salt	35
salga		→ **salir**	59
salir	(v 40)	to go out	33
salir	(v 40)	**salir de trabajar**: to finish work	59
salvo	(prep)	except for	65
sangre	(nf)	blood	35; 55
sé		→ **saber**	25; 37; 51; 57
sea		→ **ser**	49
seas		→ **ser**	49
seguir	(v 41)	to continue	25
segundo/segunda	(adj)	second	47
selva amazónica	(nf)	Amazon rainforest	47
semana	(nf)	week	29; 45; 53
Semana Santa	(nf)	Easter	37
semanal	(adj)	weekly	63
semilla	(nf)	seed	11
sentarse	(v 6)	to sit down	63
sentido	(nm)	meaning	15
sentir	(v 33)	to feel	15
sentirlo	(v 33)	to be sorry	11
sentirse	(v 33)	to feel	9
señal	(nf)	signal	9
señora	(nf)	lady	61
ser	(v 28)	to be	
servicio	(nm)	toilet	65
sesión	(nf)	session	29
si	(conj)	if	

sí	(adv)	yes	
sido		→ ser	67
siempre	(adv)	always	27
siento		→ sentir	11; 15
siglo	(nm)	century	67
siguen		→ seguir	19
sigue		→ seguir	25
silencio	(nm)	silence	53
simplemente	(adv)	simply	45; 49
siquiera	(adv)	even	33
sistema	(nm)	system	39
sitio	(nm)	site	39
skinhead ⓖ	(nmf)	skinhead	59
sobre	(prep)	about; on	23
sois		→ ser	21
soledad	(nf)	loneliness	23
sólo	(adv)	only	43
solo/sola	(adj)	alone 15; lonely 9	
solución	(nf)	solution	25
somos		→ ser	51
son		→ ser	15; 21; 39
soportar	(v)	to stand	55
soy		→ ser	9; 65; 67
subir	(v)	to go up	61
sudor	(nm)	sweat	13
sueco/sueca	(nm,f)	Swede	63
suéter	(nm)	jumper	51
superocupado/superocupada ⓖ	(adj)	very busy	21
suponer	(v 24)	to suppose	59
supuesto	(nm)	por supuesto: of course	29
suspiro	(nm)	sigh	17

T

taller	(nm)	garage	11
también	(adv)	also 9, 13, 23, 31, 39, 49, 51, 65; too 11	
tampoco	(adv)	neither	11; 17; 21
tan	(adv)	so	33; 35; 65
tanto	(pron)	as much	55
tarde	(nf)	afternoon 27; evening 43, 59	
tarde	(adv)	late	39; 59
tarjeta de felicitación	(nf)	birthday card	45
taxi	(nm)	taxi	41; 43
tele ⓖ	(nf)	telly	53
teléfono	(nm)	telephone	11; 23; 41
teléfono móvil	(nm)	mobile phone	35
tendrás		→ tener	15
tener	(v 29)	to have	
tener miedo	(v 29)	to be afraid	15
tengo		→ tener	21; 29; 41; 43; 57
terminar	(v)	to finish	59
terrible	(adj)	terrible	15
tía	(nf)	aunt	27; 31
tía ⓖ	(nf)	woman	61
tiempo	(nm)	time	45
tienda	(nf)	shop	21; 29
tiene		→ tener	15; 31; 55
tienes		→ tener	21
tintorería	(nf)	dry cleaner's	11
tío	(nm)	uncle	19
tipa ⓖ	(nf)	woman	51
tipo ⓖ	(nm)	guy	13
tirar	(v)	to knock over	13
todavía	(adv)	still 13; yet 33	
todo	(adj)	all	61
todo	(pron)	everything 3, 33, 39; all 25, 31, 47, 49, 67	
todo el mundo	(pron)	everybody	11; 41; 67
todos	(pron)	everybody	33
tomar	(v)	to drink	59
tomar	(v)	tomar una decisión: to make a decision	29
tonelada	(nf)	ton	61
totalmente	(adv)	totally	65
trabajar	(v)	to work	15; 23; 59
trabajo	(nm)	work	43, 45
tractor	(nm)	tractor	59
traer	(v 25)	to bring 59; [LAm] to wear 51	
tranqui ⓖ	(exclam)	cool!	41; 59; 61
trasero	(nm)	bottom	25; 57
tres	(num)	three	23; 29; 61
trescientos	(num)	three hundred	25

triste	(adj)	sad	17
tubo	(nm)	dinero por un tubo ⓖ: loads of money	55
tuvimos		→ tener	13

U, V

último/última	(adj)	last	27
único/única	(adj)	only one	9
universidad	(nf)	university	19
uno	(pron)	one	15
unos	(pron)	unos 30: 30, approximately	19
urgentemente	(adv)	urgently	35
usado/usada	(adj)	used	11
usar	(v)	to use	23; 25; 43; 45
va		→ ir	31; 45; 61; 63
vacaciones	(nfpl)	holiday	37
vacío	(adj)	empty	15
vale	(exclam)	OK!	25; 29; 43; 59
vamos		→ ir	21; 37; 39; 51
varos [LAm] ⓖ	(nmpl)	dosh	31; 59
vas		→ ir	19; 37; 43
vaya		→ ir	35; 51
vaya	(exclam)	oh!	37
vaya...	(exclam)	what a...! 49; what...! 67	
vayamos		→ ir	37
ve		→ ir	49
vender	(v)	to sell	65
venir	(v 42)	to come	13; 27; 41
ver	(v 30)	to see 19, 25, 27, 33, 35, 47; to watch 53	
verano	(nm)	summer	29; 37
verdad	(nf)	truth	51
verdad	(nf)	de verdad: honestly	31; 67
verdad	(nf)	¿de verdad?: really?	43; 55
vestido/vestida	(pp)	dressed	51
vestir, vestirse	(v 34)	to dress	33
vez	(nf)	time	27; 41; 63; 65
viajar	(v)	to travel	15
vida	(nf)	life	15; 39; 45; 49; 57; 65; 67
vídeo, video [LAm]	(nm)	video	21; 43; 45
viejo	(nm)	old man	59
viendo		→ ver	53
vienes		→ venir	41
vientre	(nm)	tummy	57
visión	(nf)	sight	33
visita	(nf)	visit	29
viste		→ vestir	33
visto		→ ver	35
vivir	(v)	to live	15; 19; 37; 49; 61
volver	(v 17)	to come back	13; 15; 27; 41; 59
volverse	(v 17)	to turn	49
vomitar	(v)	to throw up	35
voy		→ ir	21; 45; 49
voz	(nf)	voice	17
vuelta	(nf)	walk 21; way back 59	
vuelva		→ volver	41
vuelve		→ volver	15; 59

Y, Z

y	(conj)	and	
ya	(adv)	already 25, 37, 55, 57, 65; now	63
yo	(pron)	I	
yogur	(nm)	yogurt	43
zapatos	(nmpl)	shoes	51

VERBS

Present indicative
canto = I sing, I'm singing

Imperfect indicative
cantaba = I was singing, I used to sing

Past simple indicative
canté = I sang

Future indicative
cantaré = I will sing

Conditional (present)
si hubiera un coro, cantaría = if there was a choir, I would sing

Present subjunctive
es posible que cante = I might sing

Imperfect subjunctive
aunque yo cantara = even if I sang

Imperative
canta/cantad = sing!

Verbs ending in –ar   1 hablar

Gerund
hablando

Past participle
hablado

Present indicative
hablo
hablas
habla
hablamos
habláis
hablan

Imperfect indicative
hablaba
hablabas
hablaba
hablábamos
hablabais
hablaban

Past simple indicative
hablé
hablaste
habló
hablamos
hablasteis
hablaron

Future indicative
hablaré
hablarás
hablará
hablaremos
hablaréis
hablarán

Conditional (present)
hablaría
hablarías
hablaría
hablaríamos
hablaríais
hablarían

Present subjunctive
hable
hables
hable
hablemos
habléis
hablen

Imperfect subjunctive*
hablara
hablaras
hablara
habláramos
hablarais
hablaran

Imperative
habla (tú)
hable (usted)
hablemos (nosotros)
hablad (vosotros)
hablen (ustedes)

* all –ar verbs have an alternative form of the Imperfect subjunctive in which the –ara ending is replaced by –ase, eg: hablase, hablases, hablase, hablásemos, hablaseis, hablasen

---

2 sacar   formed as **1 hablar** except:

Past simple indicative
saqué
sacaste
sacó
sacamos
sacasteis
sacaron

Imperative
saca (tú)
saque (usted)
saquemos (nosotros)
sacad (vosotros)
saquen (ustedes)

Present subjunctive
saque
saques
saque
saquemos
saquéis
saquen

---

3 pagar   formed as **1 hablar** except:

Past simple indicative
pagué
pagaste
pagó
pagamos
pagasteis
pagaron

Imperative
paga (tú)
pague (usted)
paguemos (nosotros)
pagad (vosotros)
paguen (ustedes)

Present subjunctive
pague
pagues
pague
paguemos
paguéis
paguen

---

4 empezar   formed as **1 hablar** except:

Present indicative
empiezo
empiezas
empieza
empezamos
empezáis
empiezan

Present subjunctive
empiece
empieces
empiece
empecemos
empecéis
empiecen

Past simple indicative
empecé
empezaste
empezó
empezamos
empezasteis
empezaron

Imperative
empieza (tú)
empiece (usted)
empecemos (nosotros)
empezad (vosotros)
empiecen (ustedes)

---

5 contar   formed as **1 hablar** except:

Present indicative
cuento
cuentas
cuenta
contamos
contáis
cuentan

Imperative
cuenta (tú)
cuente (usted)
contemos (nosotros)
contad (vosotros)
cuenten (ustedes)

Present subjunctive
cuente
cuentes
cuente
contemos
contéis
cuenten

---

6 pensar   formed as **1 hablar** except:

Present indicative
pienso
piensas
piensa
pensamos
pensáis
piensan

Imperative
piensa (tú)
piense (usted)
pensemos (nosotros)
pensad (vosotros)
piensen (ustedes)

Present subjunctive
piense
pienses
piense
pensemos
penséis
piensen

7 colgar   formed as 1 hablar except:

Present indicative	Present subjunctive
cuelgo	cuelgue
cuelgas	cuelgues
cuelga	cuelgue
colgamos	colguemos
colgáis	colguéis
cuelgan	cuelguen

Past simple indicative	Imperative
colgué	cuelga (tú)
colgaste	cuelgue (usted)
colgó	colguemos (nosotros)
colgamos	colgad (vosotros)
colgasteis	cuelguen (ustedes)
colgaron	

8 jugar   formed as 1 hablar except:

Present indicative	Present subjunctive
juego	juegue
juegas	juegues
juega	juegue
jugamos	juguemos
jugáis	juguéis
juegan	jueguen

Past simple indicative	Imperative
jugué	juega (tú)
jugaste	juegue (usted)
jugó	juguemos (nosotros)
jugamos	jugad (vosotros)
jugasteis	jueguen (ustedes)
jugaron	

9 andar   formed as 1 hablar except:

Past simple indicative
anduve
anduviste
anduvo
anduvimos
anduvisteis
anduvieron

Imperfect subjunctive
anduviera
anduvieras
anduviera
anduviéramos
anduvierais
anduvieran

10 dar   formed as 1 hablar except:

Present indicative	Present subjunctive
doy	dé
das	des
da	dé
damos	demos
dais	deis
dan	den

Past simple indicative	Imperfect subjunctive
di	diera
diste	dieras
dio	diera
dimos	diéramos
disteis	dierais
dieron	dieran

11 estar   formed as 1 hablar except:

Present indicative	Present subjunctive	Imperative
estoy	esté	está (tú)
estás	estés	esté (usted)
está	esté	estemos (nosotros)
estamos	estemos	estad (vosotros)
estáis	estéis	estén (ustedes)
están	estén	

Past simple indicative	Imperfect subjunctive
estuve	estuviera
estuviste	estuvieras
estuvo	estuviera
estuvimos	estuviéramos
estuvisteis	estuvierais
estuvieron	estuvieran

Verbs ending in –er   12 meter

Gerund	Conditional (present)
metiendo	metería
	meterías
Past participle	metería
metido	meteríamos
	meteríais
Present indicative	meterían
meto	
metes	**Present subjunctive**
mete	meta
metemos	metas
metéis	meta
meten	metamos
	metáis
Imperfect indicative	metan
metía	
metías	**Imperfect subjunctive***
metía	metiera
metíamos	metieras
metíais	metiera
metían	metiéramos
	metierais
Past simple indicative	metieran
metí	
metiste	**Imperative**
metió	mete (tú)
metimos	meta (usted)
metisteis	metamos (nosotros)
metieron	meted (vosotros)
	metan (ustedes)
Future indicative	
meteré	* all –er verbs have an alternative
meterás	form of the Imperfect subjunctive
meterá	in which the –era ending is
meteremos	replaced by –ese, eg: metiese,
meteréis	metieses, metiese,
meterán	metiésemos, metieseis, metiesen

13 parecer   formed as 12 meter except:

Present indicative	Imperative
parezco	parece (tú)
pareces	parezca (usted)
parece	parezcamos (nosotros)
parecemos	pareced (vosotros)
parecéis	parezcan (ustedes)
parecen	

Present subjunctive
parezca
parezcas
parezca
parezcamos
parezcáis
parezcan

VERBS continued

14 coger   formed as 12 meter except:

Present indicative
cojo
coges
coge
cogemos
cogéis
cogen

Imperative
coge (tú)
coja (usted)
cojamos (nosotros)
coged (vosotros)
cojan (ustedes)

Present subjunctive
coja
cojas
coja
cojamos
cojáis
cojan

15 entender   formed as 12 meter except:

Present indicative
entiendo
entiendes
entiende
entendemos
entendéis
entienden

Imperative
entiende (tú)
entienda (usted)
entendamos (nosotros)
entended (vosotros)
entiendan (ustedes)

Present subjunctive
entienda
entiendas
entienda
entendamos
entendáis
entiendan

16 doler   formed as 12 meter except:

Present indicative
duelo
dueles
duele
dolemos
doléis
duelen

Imperative
duele (tú)
duela (usted)
dolamos (nosotros)
doled (vosotros)
duelan (ustedes)

Present subjunctive
duela
duelas
duela
dolamos
doláis
duelan

17 volver   formed as 12 meter except:

Past participle
vuelto

Present indicative
vuelvo
vuelves
vuelve
volvemos
volvéis
vuelven

Imperative
vuelve (tú)
vuelva (usted)
volvamos (nosotros)
volved (vosotros)
vuelvan (ustedes)

Present subjunctive
vuelva
vuelvas
vuelva
volvamos
volváis
vuelvan

18 oler   formed as 12 meter except:

Present indicative
huelo
hueles
huele
olemos
oléis
huelen

Imperative
huele (tú)
huela (usted)
olamos (nosotros)
oled (vosotros)
huelan (ustedes)

Present subjunctive
huela
huelas
huela
olamos
oláis
huelan

19 leer   formed as 12 meter except:

Gerund
leyendo

Past participle
leído

Past simple indicative
leí
leíste
leyó
leímos
leísteis
leyeron

Imperfect subjunctive
leyera
leyeras
leyera
leyéramos
leyerais
leyeran

20 caer   formed as 12 meter except:

Gerund
cayendo

Past participle
caído

Present indicative
caigo
caes
cae
caemos
caéis
caen

Past simple indicative
caí
caíste
cayó
caímos
caísteis
cayeron

Present subjunctive
caiga
caigas
caiga
caigamos
caigáis
caigan

Imperfect subjunctive
cayera
cayeras
cayera
cayéramos
cayerais
cayeran

Imperative
cae (tú)
caiga (usted)
caigamos (nosotros)
caed (vosotros)
caigan (ustedes)

21 haber   formed as 12 meter except:

Present indicative
he
has
ha
hemos
habéis
han

Future indicative
habré
habrás
habrá
habremos
habréis
habrán

Present subjunctive
haya
hayas
haya
hayamos
hayáis
hayan

Past simple indicative
hube
hubiste
hubo
hubimos
hubisteis
hubieron

Conditional (present)
habría
habrías
habría
habríamos
habríais
habrían

Imperfect subjunctive
hubiera
hubieras
hubiera
hubiéramos
hubierais
hubieran

22 hacer   formed as **12 meter** except:

Past participle
hecho

Present indicative
hago
haces
hace
hacemos
hacéis
hacen

Past simple indicative
hice
hiciste
hizo
hicimos
hicisteis
hicieron

Future indicative
haré
harás
hará
haremos
haréis
harán

Conditional (present)
haría
harías
haría
haríamos
haríais
harían

Present subjunctive
haga
hagas
haga
hagamos
hagáis
hagan

Imperfect subjunctive
hiciera
hicieras
hiciera
hiciéramos
hicierais
hicieran

Imperative
haz (tú)
haga (usted)
hagamos (nosotros)
haced (vosotros)
hagan (ustedes)

23 poder   formed as **12 meter** except:

Present indicative
puedo
puedes
puede
podemos
podéis
pueden

Past simple indicative
pude
pudiste
pudo
pudimos
pudisteis
pudieron

Future indicative
podré
podrás
podrá
podremos
podréis
podrán

Conditional (present)
podría
podrías
podría
podríamos
podríais
podrían

Present subjunctive
pueda
puedas
pueda
podamos
podáis
puedan

Imperfect subjunctive
pudiera
pudieras
pudiera
pudiéramos
pudierais
pudieran

Imperative
puede (tú)
pueda (usted)
podamos (nosotros)
poded (vosotros)
puedan (ustedes)

24 poner   formed as **12 meter** except:

Past participle
puesto

Present indicative
pongo
pones
pone
ponemos
ponéis
ponen

Past simple indicative
puse
pusiste
puso
pusimos
pusisteis
pusieron

Future indicative
pondré
pondrás
pondrá
pondremos
pondréis
pondrán

Conditional (present)
pondría
pondrías
pondría
pondríamos
pondríais
pondrían

Present subjunctive
ponga
pongas
ponga
pongamos
pongáis
pongan

Imperfect subjunctive
pusiera
pusieras
pusiera
pusiéramos
pusierais
pusieran

Imperative
pon (tú)
ponga (usted)
pongamos (nosotros)
poned (vosotros)
pongan (ustedes)

25 traer   formed as **12 meter** except:

Gerund
trayendo

Past participle
traído

Present indicative
traigo
traes
trae
traemos
traéis
traen

Past simple indicative
traje
trajiste
trajo
trajimos
trajisteis
trajeron

Present subjunctive
traiga
traigas
traiga
traigamos
traigáis
traigan

Imperfect subjunctive
trajera
trajeras
trajera
trajéramos
trajerais
trajeran

Imperative
trae (tú)
traiga (usted)
traigamos (nosotros)
traed (vosotros)
traigan (ustedes)

26 querer   formed as **12 meter** except:

Present indicative
quiero
quieres
quiere
queremos
queréis
quieren

Past simple indicative
quise
quisiste
quiso
quisimos
quisisteis
quisieron

Future indicative
querré
querrás
querrá
querremos
querréis
querrán

Conditional (present)
querría
querrías
querría
querríamos
querríais
querrían

Present subjunctive
quiera
quieras
quiera
queramos
queráis
quieran

Imperfect subjunctive
quisiera
quisieras
quisiera
quisiéramos
quisierais
quisieran

Imperative
quiere (tú)
quiera (usted)
queramos (nosotros)
quered (vosotros)
quieran (ustedes)

VERBS continued

27 saber   formed as **12 meter** except:

Present indicative	Conditional (present)	Imperfect subjunctive
sé	sabría	supiera
sabes	sabrías	supieras
sabe	sabría	supiera
sabemos	sabríamos	supiéramos
sabéis	sabríais	supierais
saben	sabrían	supieran

Past simple indicative	Present subjunctive	Imperative
supe	sepa	sabe (tú)
supiste	sepas	sepa (usted)
supo	sepa	sepamos (nosotros)
supimos	sepamos	sabed (vosotros)
supisteis	sepáis	sepan (ustedes)
supieron	sepan	

Future indicative
sabré
sabrás
sabrá
sabremos
sabréis
sabrán

28 ser   formed as **12 meter** except:

Gerund	Past simple indicative	Imperfect subjunctive
siendo	fui	fuera
	fuiste	fueras
Past participle	fue	fuera
sido	fuimos	fuéramos
	fuisteis	fuerais
Present indicative	fueron	fueran
soy		
eres	**Present subjunctive**	**Imperative**
es	sea	sé (tú)
somos	seas	sea (usted)
sois	sea	seamos (nosotros)
son	seamos	sed (vosotros)
	seáis	sean (ustedes)
Imperfect indicative	sean	
era		
eras		
era		
éramos		
erais		
eran		

29 tener   formed as **12 meter** except:

Present indicative	Conditional (present)	Imperfect subjunctive
tengo	tendría	tuviera
tienes	tendrías	tuvieras
tiene	tendría	tuviera
tenemos	tendríamos	tuviéramos
tenéis	tendríais	tuvierais
tienen	tendrían	tuvieran

Past simple indicative	Present subjunctive	Imperative
tuve	tenga	ten (tú)
tuviste	tengas	tenga (usted)
tuvo	tenga	tengamos (nosotros)
tuvimos	tengamos	tened (vosotros)
tuvisteis	tengáis	tengan (ustedes)
tuvieron	tengan	

Future indicative
tendré
tendrás
tendrá
tendremos
tendréis
tendrán

30 ver   formed as **12 meter** except:

Gerund	Imperfect indicative	Present subjunctive
viendo	veía	vea
	veías	veas
Past participle	veía	vea
visto	veíamos	veamos
	veíais	veáis
Present indicative	veían	vean
veo		
ves	**Past simple indicative**	**Imperative**
ve	vi	ve (tú)
vemos	viste	vea (usted)
veis	vio	veamos (nosotros)
ven	vimos	ved (vosotros)
	visteis	vean (ustedes)
	vieron	

Verbs ending in –ir   31 existir

Gerund	Future indicative	Imperfect subjunctive*
existiendo	existiré	existiera
	existirás	existieras
Past participle	existirá	existiera
existido	existiremos	existiéramos
	existiréis	existierais
Present indicative	existirán	existieran
existo		
existes	**Conditional (present)**	**Imperative**
existe	existiría	existe (tú)
existimos	existirías	exista (usted)
existís	existiría	existamos (nosotros)
existen	existiríamos	existid (vosotros)
	existiríais	existan (ustedes)
Imperfect indicative	existirían	
existía		
existías	**Present subjunctive**	* all –ir verbs have an alternative
existía	exista	form of the Imperfect subjunctive
existíamos	existas	in which the –era ending is
existíais	exista	replaced by –ese, eg: existiese,
existían	existamos	existieses, existiese, existiésemos,
	existáis	existieseis, existiesen
Past simple indicative	existan	
existí		
exististe		
existió		
existimos		
exististeis		
existieron		

32 elegir   formed as **31 existir** except:

Present indicative	Present subjunctive	Imperative
elijo	elija	elige (tú)
eliges	elijas	elija (usted)
elige	elija	elijamos (nosotros)
elegimos	elijamos	elegid (vosotros)
elegís	elijáis	elijan (ustedes)
eligen	elijan	

33 sentir   formed as **31 existir** except:

Gerund	Present subjunctive	Imperative
sintiendo	sienta	siente (tú)
	sientas	sienta (usted)
Present indicative	sienta	sintamos (nosotros)
siento	sintamos	sentid (vosotros)
sientes	sintáis	sientan (ustedes)
siente	sientan	
sentimos		
sentís	**Imperfect subjunctive**	
sienten	sintiera	
	sintieras	
Past simple indicative	sintiera	
sentí	sintiéramos	
sentiste	sintierais	
sintió	sintieran	
sentimos		
sentisteis		
sintieron		

34 pedir   formed as **31 existir** except:

Gerund	Present subjunctive	Imperative
pidiendo	pida	pide (tú)
	pidas	pida (usted)
Present indicative	pida	pidamos (nosotros)
pido	pidamos	pedid (vosotros)
pides	pidáis	pidan (ustedes)
pide	pidan	
pedimos		
pedís	**Imperfect subjunctive**	
piden	pidiera	
	pidieras	
Past simple indicative	pidiera	
pedí	pidiéramos	
pediste	pidierais	
pidió	pidieran	
pedimos		
pedisteis		
pidieron		

35 dormir   formed as **31 existir** except:

Gerund	Past simple indicative	Imperfect subjunctive
durmiendo	dormí	durmiera
	dormiste	durmieras
Present indicative	durmió	durmiera
duermo	dormimos	durmiéramos
duermes	dormisteis	durmierais
duerme	durmieron	durmieran
dormimos		
dormís	**Present subjunctive**	**Imperative**
duermen	duerma	duerme (tú)
	duermas	duerma (usted)
	duerma	durmamos (nosotros)
	durmamos	dormid (vosotros)
	durmáis	duerman (ustedes)
	duerman	

36 reír   formed as **31 existir** except:

Gerund	Conditional (present)
riendo	reiría
	reirías
Present indicative	reiría
río	reiríamos
ríes	reiríais
ríe	reirían
reímos	
reís	**Present subjunctive**
ríen	ría
	rías
Imperfect indicative	ría
reía	riamos
reías	riáis
reía	rían
reíamos	
reíais	**Imperfect subjunctive**
reían	riera
	rieras
Past simple indicative	riera
reí	riéramos
reíste	rierais
rió	rieran
reímos	
reísteis	**Imperative**
rieron	ríe (tú)
	ría (usted)
Future indicative	riamos (nosotros)
reiré	reíd (vosotros)
reirás	rían (ustedes)
reirá	
reiremos	
reiréis	
reirán	

37 decir   formed as **31 existir** except:

Gerund	Conditional (present)
diciendo	diría
	dirías
Past participle	diría
dicho	diríamos
	diríais
Present indicative	dirían
digo	
dices	**Present subjunctive**
dice	diga
decimos	digas
decís	diga
dicen	digamos
	digáis
Past simple indicative	digan
dije	
dijiste	**Imperfect subjunctive**
dijo	dijera
dijimos	dijeras
dijisteis	dijera
dijeron	dijéramos
	dijerais
Future indicative	dijeran
diré	
dirás	**Imperative**
dirá	di (tú)
diremos	diga (usted)
diréis	digamos (nosotros)
dirán	decid (vosotros)
	digan (ustedes)

38 ir   formed as **31 existir** except:

Gerund	Imperfect subjunctive
yendo	fuera
	fueras
Past participle	fuera
ido	fuéramos
	fuerais
Present indicative	fueran
voy	
vas	**Imperative**
va	ve (tú)
vamos	vaya (usted)
vais	vayamos (nosotros)
van	id (vosotros)
	vayan (ustedes)
Imperfect indicative	
iba	
ibas	
iba	
íbamos	
ibais	
iban	
Past simple indicative	
fui	
fuiste	
fue	
fuimos	
fuisteis	
fueron	
Present subjunctive	
vaya	
vayas	
vaya	
vayamos	
vayáis	
vayan	

VERBS continued

39 oír   formed as **31 existir** except:

Gerund
oyendo

Present indicative
oigo
oyes
oye
oímos
oís
oyen

Past simple indicative
oí
oíste
oyó
oímos
oísteis
oyeron

Future indicative
oiré
oirás
oirá
oiremos
oiréis
oirán

Conditional (present)
oiría
oirías
oiría
oiríamos
oiríais
oirían

Present subjunctive
oiga
oigas
oiga
oigamos
oigáis
oigan

Imperfect subjunctive
oyera
oyeras
oyera
oyéramos
oyerais
oyeran

Imperative
oye (tú)
oiga (usted)
oigamos (nosotros)
oíd (vosotros)
oigan (ustedes)

40 salir   formed as **31 existir** except:

Present indicative
salgo
sales
sale
salimos
salís
salen

Future indicative
saldré
saldrás
saldrá
saldremos
saldréis
saldrán

Conditional (present)
saldría
saldrías
saldría
saldríamos
saldríais
saldrían

Present subjunctive
salga
salgas
salga
salgamos
salgáis
salgan

Imperative
sal (tú)
salga (usted)
salgamos (nosotros)
salid (vosotros)
salgan (ustedes)

41 seguir   formed as **31 existir** except:

Gerund
siguiendo

Present indicative
sigo
sigues
sigue
seguimos
seguís
siguen

Past simple indicative
seguí
seguiste
siguió
seguimos
seguisteis
siguieron

Present subjunctive
siga
sigas
siga
sigamos
sigáis
sigan

Imperfect subjunctive
siguiera
siguieras
siguiera
siguiéramos
siguierais
siguieran

Imperative
sigue (tú)
siga (usted)
sigamos (nosotros)
seguid (vosotros)
sigan (ustedes)

42 venir   formed as **31 existir** except:

Gerund
viniendo

Present indicative
vengo
vienes
viene
venimos
venís
vienen

Past simple indicative
vine
viniste
vino
vinimos
vinisteis
vinieron

Future indicative
vendré
vendrás
vendrá
vendremos
vendréis
vendrán

Conditional (present)
vendría
vendrías
vendría
vendríamos
vendríais
vendrían

Present subjunctive
venga
vengas
venga
vengamos
vengáis
vengan

Imperfect subjunctive
viniera
vinieras
viniera
viniéramos
vinierais
vinieran

Imperative
ven (tú)
venga (usted)
vengamos (nosotros)
venid (vosotros)
vengan (ustedes)

43 morir   formed as **31 existir** except:

Gerund
muriendo

Past participle
muerto

Present indicative
muero
mueres
muere
morimos
morís
mueren

Past simple indicative
morí
moriste
murió
morimos
moristeis
murieron

Present subjunctive
muera
mueras
muera
muramos
muráis
mueran

Imperfect subjunctive
muriera
murieras
muriera
muriéramos
murierais
murieran

Imperative
muere (tú)
muera (usted)
muramos (nosotros)
morid (vosotros)
mueran (ellos)